湛庐CHEERS

与最聪明的人共同进化

HERE COMES EVERYBODY

仿生投资学

THE NATURE OF INVESTING

[美] 凯瑟琳·柯林斯 著
Katherine Collins

劳若珺 译

中国财经出版传媒集团
中国财政经济出版社

测一测

你了解仿生投资学吗?

扫码激活这本书
获取你的专属福利

- 以下哪项不应是投资者追求的目标?

  A. 灵活性

  B. 适应性

  C. 抗逆性

  D. 掌控感

- 仿生学在投资领域的应用范围很广,但不包括:

  A. 探究单个公司的投资前景

  B. 探究投资者的投资心理

  C. 探究投资产品和工具

  D. 探究整个金融系统的运行规律

扫码获取全部测试题及答案,
一起了解仿生投资学

- 以下哪种自然现象体现了讲求资源效率的自然法则?

  A. 鸭子羽毛中的油脂作用

  B. 向日葵的根系生长

  C. 章鱼的吸盘结构

  D. 眼镜蛇的毒液生成

扫描左侧二维码查看本书更多测试题

凯瑟琳·柯林斯
KATHERINE
COLLINS
仿生投资学创始人

Katherine Collins

将生物学、仿生学引入投资领域的领军者

自 1990 年以来，凯瑟琳·柯林斯一直从事投资行业，曾在富达投资（Fidelity Investments）工作近 20 年。2011 年，因对流行的投资方法有所怀疑，柯林斯从富达投资离职。她认为，当下，投资的主要作用已经被金融所掩盖；证券化和算法高频交易成为更大的关注点；通过拆解风险来控制风险的做法加大了风险的危险性。

为了开创新的投资研究方向，柯林斯在 2011 年进入哈佛神学院深造，并获得硕士学位。在此期间，她接触到仿生学——从自然界中寻找解决复杂问题的思想，将其引入投资领域，并创办了自己的投资研究公司蜜蜂资本（Honeybee Capital Foundation）——一家基于开放和其他自然原则的公司。蜜蜂资本不是为客户进行投资，而是撰写详细的研究报告来帮助指导投资。这些报告着眼于投资趋势背后的重大问题，以确保客户做出的投资决策既富有弹性，也具有可持续性。

用投资让世界实现可持续发展

柯林斯说，最初在谈论可持续投资时，感觉很容易有说教感，但是仿生学的学习让自己的思维更加细致入微。“自然系统是适应性的、有弹性的、可再生的，它们不仅仅是可持续的。这就是促使我使用自然系统作为投资模型的原因。对于可持续发展，人们往往会误解为一种停滞感，我觉得我的可持续发展工作经常只是在上坡，一整天，每一天。”她说，“当我了解了仿生学原理时，我恍然大悟：哦，这就是一切实际运作的方式。我不需要对抗任何东西。我不需要说服任何人这个想法是正确的。”

2017年，柯林斯将这些概念引入普特南投资公司，并成为该公司首位可持续投资主管。柯林斯使用仿生学、生态学等复杂性科学来指导投资，开发了一种可持续投资模型，她负责领导普特南投资公司在ESG（环境、社会和治理）问题上的投资研究、战略实施和思想领导。

2022年，柯林斯和另一位基金经理斯蒂芬妮·多布森（Stephanie Dobson）共同管理着60亿美元的普特南可持续领袖基金（PNOYX）和4.741亿美元的普特南可持续未来基金（PMVYX）。前者的3年年化回报率为19.64%，后者的回报率为16.11%。这两只基金也有ETF（交易型开放式指数基金）版本在纽约证券交易所交易。

“可持续投资领域的很多人只关注风险导向和可持续性，”柯林斯说，“但是每当存在风险时，也会有机会：要么有机会更好地管理那种风险，要么有机会创造一种超越那种风险并真正有利于业务的解决方案。”

大型成长股，如苹果、美国银行、微软和亚马逊等，是普特南可持续领袖基金中的主要投资标的，占据了科技、消费周期和医疗保健等行业的权重。根据晨星公司（Morningstar）数据，普特南可持续领袖基金的三年年化总回报率为19.64%，而规模较小的普特南可持续未来基金的回报率为16.11%。

可持续和负责任投资论坛发现，目前有 1/3 的专业管理资产正在使用可持续投资策略，这一数字在 2020 年达到了 17.1 万亿美元，比 2018 年投资的 12 万亿美元增长了 42%。

摩根士丹利可持续投资研究所的一项研究发现，79% 的个人投资者表示他们对可持续投资感兴趣。该研究还指出，千禧一代（1984—2000 年出生的人）对可持续投资的兴趣最高，他们正在进入收入和投资的高峰期。

柯林斯表示：“如果你是一名顾问，可持续投资会是一个有趣的领域，也是连接和扩大客户群的一种方式。”

塑造金融界未来的思想领袖

2021 年，柯林斯入选福布斯塑造金融业未来的“50 位 50 岁以上领袖”名单。作为一位跨学科的研究者，她于 20 世纪 90 年代末开始与圣塔菲研究所（SFI）合作，并于 2021 年当选为圣塔菲研究所董事会主席（任期 3 年）。她致力于分析可持续投资的当前和新兴趋势，出版了普特南投资公司的年度可持续发展和影响报告，并写作了本书。此外，柯林斯女士还在欧米茄研究所（Omega Institute）和哈佛神学院院长委员会任职。

献给我的父母，

是他们让我懂得了荣誉、服务、信仰和爱；

献给我的兄弟姐妹，

是他们教会了我善良、慷慨和奉献；

献给我们的下一代。

目 录

—— 第三部分 ——
以自然为本，打造强韧可持续的投资组合

Resilient Investment Strategies Through Biomimicry

The NATURE of Investing

第一部分

源于自然的投资灵感

我决定表现得更像一只蜜蜂，也就是有意识地重新专注于一种更开放、与世界联系更紧密、更明确地关注其指导价值体系的投资方式。

The NATURE of Investing

第 1 章

投资者的困境与蜜蜂的救赎

Resilient Investment Strategies Through Biomimicry

基于仿生学原理的投资之道要求我们：最大限度地投入智力和情感；不盲从于屏幕上的数字，而是主动与我们周围的世界互动；充分地、独立地、创造性地、多方面地利用自己的头脑；以最广泛和最振奋人心的方式去思考。

我最珍贵的财产之一是父亲在我开始第一份工作时送给我的礼物：IBM 的一枚口号标牌。那大概是 20 世纪 70 年代的事。当时我父亲已在 IBM 工作了多年，因此家里随处可见这家公司的著名口号。我们家的每支铅笔、每本记事本、每个咖啡杯上，都有用经典的打字机字体[①]印着的这则“一字箴言”：THINK（思考）。

自那以后，这枚标牌一直被我带在身边。从最初工作时寄身于一个仅可看到通风井的小隔间，到后来坐拥转角的大

① classic typewriter font，一种由老式打字机打出的字体。——编者注

办公室，它都如影随形，伴我左右。但直到最近我才意识到，这是一件真正的礼物，因为从我最早的职场记忆开始，它就将这样一个概念植入了我的脑海中：工作时，你所应该做的就是“思考”。

陷入瓶颈的投资者

20 多年来，我一直作为一名专业投资者在自己的岗位上奋斗。这一职业最令我着迷的地方就是：它需要人思考，且需要以一种积极主动的、富有参与性和创造性的方式去思考。这一职业之所以会有这样的要求，部分原因在于我们所处的世界一直在变化。当然，投资业务内部的情况也是这样的。事实上，可以毫不夸张地说，至少在过去的 20 多年里，我们的金融市场结构已发生了翻天覆地的变化。

为了便于理解，我以一种投资工具“热力图”（heat map）为例进行说明。热力图，也就是如今在每个电视台的财经频道和投资网站上都能看到的、显示股票价格的红绿色拼接图。而在我的职业生涯之初，这种东西尚不存在。

事实上，当我开始做投资者时，科特龙（Quotron）报价机[①]仍然是我们获取股票价格信息的主要工具。它被安装在交易大厅里，一台机器供十几名交易员共用。科特龙算不上一件精致的科技产品，每台至少重达 7 千克。它需要一根专用的电话线，而且只有一块很小的绿色屏幕。它在传输少量数据时就展露出一副不堪重负的样子，甚至连那块小屏幕都会颤个不停。使用这台机器时，用户必须手动输入每只股票的代码，这导致机器周围经常大排长龙，在股票市场变动频繁的日子里尤其如此。

但是，科特龙报价机对用户如此的“不友好”，反而成为它巨大的优势。它就像公共饮水机一样，给分析师们提供了一个彼此交流的场合。半导体分析师可以在这里了解到油价变动的情况；零售分析师可以在这里了解到住房开工的情况。甚至只需要观察同行们检视他们所持有的重要股票时脸上呈现的表情，分析师就能知道哪些行业表现不俗。围绕着报价机的那群人将各自的“数据舱”连接成了一个网络，这些网络化的数据便成了知识，有时甚至是智慧。而

① 由科特龙公司生产的证券行情报价机，是 20 世纪八九十年代最为成功和广为应用的股票报价终端。——译者注

与数据的连接同样重要的是，它还将我们这些人彼此联系在了一起。

毫无疑问，热力图是一个更便捷的了解股票价格数据的工具。而如今，你甚至无须成为专业的投资者，就可以随时从手机上获取这些数据。但伴随这种高效而来的却是某些事物的消失，比如那些在交易大厅里进行的对话。在那个有“公共饮水机”的环境中所能获得的视角、交流和联系，并不能像我们的手机那样被轻巧地收进口袋里。尽管它们仍然存在，但离我们越来越远了。

这种技术改进的循环是一个周而复始的过程，其中涌现出的大多数新工具、新产品和新流程，都在效率、速度或规模方面为我们带来了巨大的收益。但这些进步让许多联系日渐削弱，包括我们与世界的联系，以及彼此之间的联系，而这些联系始终是投资行业的核心所在。

随着这些年投资业务朝这种趋势不断发展，我越来越有一种孤军奋战的感觉。起初，我并不能厘清这种感觉从何而来，甚至无法意识到其中隐含的焦虑。后来，在从事资金管理的最后几年里，我曾一整天都在和客户开会，一天连续开了十几场会。在这一天结束时，我蓦然意识到，几乎每一位客户都向我询问了关于投资组合的统计数据，如跟踪误差之类的问题，只有一位客户询问了与我实际所做的投资相关的问题：该公司为世界做了哪些有用的工作？为什么它值得我们股东为其配置资金？

在这之后不久，面对 2006 年的一次市场微调（远不及我们在那几年后遭遇的危机），我管理的基金表现不佳，盈利状况可能比我们各种花哨的风险管理模型所宣称的差了不止 10 倍。

在接下来的一年里，我管理的基金渐有起色，并再次表现出众。但即使度过了这次小小的危机，我仍感到深深的不安。我担心，自己的职业正朝着一个对我而言陌生疏离的方向发展；我也担心，我们发明的那些用来帮助我们更明智地进行投资的工具，正在让我们偏离初衷。重要的是，这种担心并非通过换新工作或新行业就能排解。一直以来，我以投资为自己的天职。一想到自己与这份天职渐行渐远，我就感到心碎。

蜜蜂的决策

幸运的是，就在我陷入瓶颈之际，我发现了蜜蜂。

更准确地说，是我找到了康奈尔大学著名的蜜蜂研究专家汤姆·西利（Tom Seeley）博士。西利博士的最新研究成果聚焦于蜂群的集体决策。他的研究证明，蜜蜂在决策方面的表现远非“做得不错”或刚刚高于平均水平而已，而是非常出色。举例来说，当蜂群举家搬迁时，它们几乎每次都能找到那一区域的最佳筑巢位置。

从科学的角度来看，西利博士的研究成果固然令人惊叹，但真正打动我的是他演讲的结论，也就是蜜蜂能够做出最佳决策的奥秘：

- 蜜蜂会到外界收集信息。当需要做出一项重要的决定时，蜜蜂们可不会躲在一间狭小的会议室里，拿出幻灯片做演示。它们会离开蜂巢，去观察周围环境中的各种事物。
- 收集完信息后，它们会回到蜂巢，积极、客观地共享信息。蜂巢里没有顾问、谈话专家或是权威之类的角色。它们只是公开、直接、客观地分享各自了解到的信息。

- 它们不断迭代这一过程，直到信息完整且令全体信服。
- 最重要的一点是，蜜蜂有一套明确的、共同的价值体系。它们都知道什么位置最适合筑造蜂巢，这是它们决策的依据。没有幕后议程，没有政治动机，蜜蜂们所做的一切都是为了寻求最佳答案。

听着西利博士在演讲中侃侃而谈，我感到愈发兴奋，也愈发自在，这是一种久违的自在感。我意识到，蜜蜂所体现出的特质，与投资者做出最佳投资决策所需的特质不谋而合。

我所认识的那些最出色的投资者，都不会闭门造车，而是会到外界观察、互动并收集信息。他们并不指望投资理念从办公桌上的屏幕中凭空跳出来，而是笃信最好的理念来自真实世界。一旦有一个初步的投资想法，这些杰出的投资者就会希望围绕这一想法加以辩论，特别是与其他可能掌握着不同信息的人进行辩论。他们并不关心对方支持什么股票，也无意赢得一场声势浩大的辩论赛的胜利，但求接受其他持不同观点的知情人士的挑战。此外，最出色的投资者都有一套明确、有力的价值体系，他们通常无须停下来思考这一点。而一旦他们发现一个与自己的方法相吻合、与自己对优质投资的定义相匹配的机会时，这种价值体系就会清晰显现。

聆听着西利博士的演讲，我意识到自己职业的核心价值其实完整无缺，并且与支配自然世界的基本法则完美契合。此时我突然明白，我先前之所以感觉内心在挣扎，并不是因为违背了自己所认定的投资天职，而是因为反对如今投资所表现出的业务形式，反对我们为投资创造的所有工具以及由此而来的干扰。尽管这些工具在各自的微小方面都很有用，但它们的叠加效果却逐渐使我偏离了本心，远离了投资的本质。

因此，我决定表现得更像一只蜜蜂，也就是有意识地重新专注于一种更开放、与世界联系更紧密、更明确地关注其指导价值体系的投资方式。

这种重新定位需要我做出一些改变。于是，我离开了自己的“蜂巢”——我深爱的公司。这家公司也是我成长了近 20 年的职业主场。在这里，大学刚毕业的我成了一名水泥行业分析师；在这里，年仅 22 岁的我开始管理自己职业生涯的第一只行业基金（不必担心，当时刚入行的我受到了很好的监督）；在这里，公司的管理团队曾为忙于加班的我带来了生日蛋糕；在这里，我曾管理过数十亿美元的资产，会见过无数首席执行官，分析过数以百计的企业；在这里，我曾承担过最艰难的管理职责，管理一个专注而出色的团队，这比管理资金更具挑战性。在这个“蜂巢”里，我曾拥有远超梦想的机会，曾与众多有史以来最出色的投资者并肩工作和学习，并接受各种可能的考验，而且最重要的是，我与其中许多人结下了亲密的终身友谊。

仿生学的关键优势

在西利博士的“蜜蜂”引领下，我踏上了更漫长的旅程，探索各种自然系统如何为人类创造的系统提供指引。

多亏了贾妮娜·本尤斯（Janine Benyus）① 和黑兹尔·亨德森（Hazel Henderson）② 的盛情和远见，一群来自仿生学界的领军者和投资行业的创新者才能在 2011 年齐聚一堂。这场聚会最终将我引向了仿生学，我开始对诠释所有自然系统和生物体的关键特性的框架进行深入研究。将仿生学原理（生命法则）应用于投资，可以为我们提供一种方法，使我们的投资活动与周围的世界得以重新协调和整合。

具体地说，仿生学原理具有以下几个关键优势：

- 它是可持续发展的极致。大自然已经存续了 38 亿年！事实上，自然界已经超越了可持续性的范畴，它具有适应性和再生性。
- 它是无偏见的。大自然可以成为一个奇妙的导师，但它不会说教，只是展示世界的实际运作

---

① 仿生学顾问公司 Biomimicry 3.8 联合创始人。因出版著作《仿生学：从大自然中获得灵感的创新》（*Biomimicry: Innovation Inspired by Nature*）而使“仿生学”广为人知。——译者注

② 未来学家、进化经济学家、全球联合专栏作家、可持续发展顾问，著有包括荣获美国鹦鹉螺图书奖的《道德市场：发展绿色经济》（*Ethical Markets: Growing the Green Economy*）在内的多部著作。——译者注

方式。

- 它是一种固有的整体方式。自然系统中没有任何一个组成部分是孤立存在的。
- 它是鼓舞人心和令人欣慰的。那些蕴含在古老、真实且可观察的自然系统中的深奥又实用的知识，远胜于商学院中那些卖弄小聪明的时髦行话。而大自然提供的示例之优雅、有效，更是令人惊叹不已。
- 它是灵活耐用的。生命法则着重于适应性、局部协调能力和资源效率，会纳入并预测各种环境和变化。基于此类法则的理念不会在事态发生变化时突然失效，反而在动荡时期更能突显其启发性。
- 它并不空洞肤浅。自然界中不是只有美丽的彩虹和可爱的小猫小狗，自然系统当然也不会处于一种永恒的平衡和幸福的浪漫状态。自然界中出现的破坏，以及自然对破坏的应对，让人最为受益。

在自己的投资业务中越来越多地运用这些仿生学原理之后，我发现自己的决策变得更加清晰，获得了更高的总回报

（包括财务的和非财务的）。当然，我也收获了更大的快乐。同时，这一过程也让我远离了金融活动中那些过度设计、彼此脱节又机械僵化的部分。我仍然在使用投资工具，但它们现在各安其位：只作为工具被加以使用，而不是作为我进行决策的驱动力。我已能够重新聚焦于那些让我们彼此相连的、整体的、互惠互利的活动，而这正代表了投资最真实和最美好的形式。

这是创造真正的价值之所在，也是我们的未来之所系。基于仿生学原理的投资之道要求我们：最大限度地投入智力和情感；不盲从于屏幕上的数字，而是主动地与我们周围的世界互动；充分地、独立地、创造性地、多方面地利用自己的头脑；以最广泛和最振奋人心的方式去思考。

The NATURE of Investing

第 2 章

投资的溯源之路

Resilient Investment Strategies Through Biomimicry

重新为投资追根溯源不是一项简单的任务。它需要一个哲学框架，这个框架既要足够灵活，可以应用于系统的许多层面，又要足够稳定，可以适应各种变化的环境；它需要高屋建瓴，同时也能很方便地与现实世界中的实践相联系；它还需要具备同时与深层真理和可观察到的表象事实相联系的工具。对于这些要求，仿生学能全部满足。它既是自然哲理，也是实践操作。

第 2 章
投资的溯源之路

作为公民，作为消费者，作为经营者，我们每一天都在投资。我们都是投资者，投入的是自己的时间、精力和金钱。出色的投资包含联系、交换和互惠，就其核心而言，它与自然界的运行之道是一致的。人类发明了投资这种活动，并以此为我们自己、我们所属的群体和我们所在的星球服务。

让金融业回归现实世界

然而，这种根本的、有益的投资功能如今却被不断扩张的金融迭代所遮蔽。在我的定义中，金融包括所有与那些初始交易相关的次级活动。比如，在其发展的早期阶段，金融创造了股票市场这样的工具。此类市场中的活动仍与现实世界紧密相连。比如，你可以购买铁路公司的股票，假设你交易时的股价合理，且铁路业务运营得不错，那你的投资很可能会获得丰厚回报。

但随着我们的工具变得越来越专业化，它们开始自成体系。我们现在有了“基金中的基金”[①]、“证券化之上的证券化”，以及全部业务都建立在拥有微秒级交易速度的优势之上的金融公司。这些发展从本质上来说都并非坏事，但每一项发展都使我们愈加远离投资首要的、有益的职能，即远离资源的流动和互惠的交换。我们在金融的专业化运作机制中越陷越深时，往往会进入投机领域，却对投资的首要职能视而不见。

此外，随着近年来风险和不确定性逐渐增加，我们又开

① 又称“基金的基金”，指一种不直接投资股票或债券，而专门投资于其他基金的基金，旨在通过专业机构对基金进行的筛选，帮助投资者优化基金投资效果。——译者注

始寻求对自己的投资有更多的掌控感。可问题是，在恐惧的驱使下，我们将注意力放在了错误的目标上。我们不再瞄准那些具有抗逆性的、优化的投资组合，而是不惜一切代价寻求无风险的、回报最大的、声称能安全度过不确定期的策略。后者给了我们各种极为诱人的允诺，但它们都不过是臆想出来的东西，是虚构的谎言。我们对机制的迷信，已经凌驾于对人类判断力的信心之上；我们对单一工具的盲从，已经凌驾于对金融作为一个互联整体的信念之上；我们为遏制风险所做出的努力，只是把风险重新打散，并转移到别处罢了，甚至在某些情况下放大了危险性。我们拼命地寻求掌控感，但真正需要的其实是灵活性、适应性和抗逆性。

那么，我们对组织、机制和风险管理的执迷，带来的结果是什么呢？在许多方面，风险和不确定性更多地被掩盖，人们对此秘而不宣，却又无法否认其存在。在这种情况下，投资的灵活性和适应性正受到日益狭隘局促的投资模式、投资者和投资行为之间日益拉大的处理层级（和成本）的双重制约；架构和系统越来越复杂，却没有带来灵活性和多样化的益处；投资产品越来越多，却被越来越少的实体所控制。

现在人们普遍认识到，金融体系与我们所希望和规划的相去甚远：它既不强健，也缺乏抗逆性，而对此提出的改革往往聚焦于愈加复杂的监管。需要注意，这类监管的逻辑前提是，如果我们制定的规则足够致密翔实，那么我们就将以某种方式受到保护。

作为一名专业投资者，我的亲身经历表明，有时我们确实需要像此类监管一样“深入”，去进一步探究更专业的知识和策略储备。同时，我们也需要“跨越”，去寻找其他并不那么专业但更具联系性和普遍性的模型。我认为，现在是我们对投资行业重新加以审视的时候了。我们需要重新着眼于投资基本的、相连的形式，让我们的行业与现实世界再次整合为一体，而不是沉迷于屏幕上的虚拟世界。

终将获胜的自然法则

那么，我们如何才能重新聚焦于投资最初的、有益的作用呢？传统投资理论所依赖的传统经济理论可能有些用处，但并不完整。这些理论采用机械的方法论，为此它们必然始于一系列分离和割裂。初学经济学的学生最先学会的短语之一就是“所有其他条件不变”。但“所有其他条件”从来不是恒定不变的。同样，一长串“外部性”在各种经济研究和商业决策中均被忽略。实际上，这些“外部性”非常重要，而且根本不是“外部”的。当然，这并不意味着传统的经济理论一无是处，但我们也要像对待其他理论一样，意识到它的不足之处。

重新为投资追根溯源不是一项简单的任务。它需要一个哲学框架，这个框架既要足够灵活，可以应用于系统的许多层面，又要足够稳定，可以适应各种变化的环境；它需要高屋建瓴，同时也能很方便地与现实世界中的实践相联系；它还需要具备同时与深层真理和可观察到的表象事实相联系的工具。对于这些要求，仿生学能全部满足。它既是自然哲理，又是实践操作。

要改造金融行业，有一种既具启迪性又细致入微的方法，那就是利用生物学而非机械工程学作为我们建模的起点。确切地说，仿生学为我们提供了一个体现联结与整合的模型，一个已被证明有效的、具备适应性的且已持续运转了 38 亿年之久的自然系统模型。仿生学不是什么时髦的新量化方法，也不是花里胡哨的顾问话术，而是生命的法则。它所描述的是自然界的运行之道，是我们最古老的智慧。正如教育家戴娜·鲍迈斯特（Dayna Baumeister）[①]所指出的，“仿生学是一门基于古老实践的新兴学科”。

在努力寻找一种更完整的、与现实世界重新相连的投资方式的过程中，我很幸运地遇见了我的两位仿生学导师，贾妮娜·本尤斯和戴娜·鲍迈斯特。2011 年，在一次小型聚会上，富有远见的未来学家黑兹尔·亨德森将我们几个与其他热衷于研究仿生学和投资的人召集在一起。聚会第一天，我就意识到，尽管我们深入讨论的是当今世界的各种缺陷，但我的内心却更笃定了。这场谈话令我醍醐灌顶、烦恼顿消。与一些可持续性理论框架不同，仿生学本身并不聚焦于愤怒和责备。它始于承认一个事实，即万物互相联系，并由此产生自然而真诚的责任意识、管理意识、参与意识和关怀意识。聚焦于愤怒和责备的方法始于义务、羞耻和消极性，而聚焦于责任的方法则始于身体力行的能动性和积极性。

① 仿生学顾问公司 Biomimicry 3.8 的联合创始人和实践教员。自 1998 年以来便与商业伙伴贾妮娜·本尤斯一起从事仿生学领域的研究，并以仿生学思想领袖、商业顾问和教员的身份在世界各地游历。——译者注

那天，在黑兹尔位于佛罗里达的后院中，随着交谈的深入，我收获的远不止乐观和希望，还有一种强烈的回归感。我感觉自己充满了力量。自从事可持续投资以来，我第一次觉得没必要说服别人接受我是正确的（或正义的）。贾妮娜和戴娜的工作提醒我们，整个自然界的运作方式就是这样的，我们确实可以选择在短期内遵循或违背自然法则，但无论我们如何选择，自然法则终将获胜。所以，“不要干涉我们的自然母亲”这句话是有道理的。

本书中对仿生学和生命法则的探讨大量借鉴了贾妮娜和戴娜的工作内容和学术成果，以及她们为制定仿生学专科教育方案而进行的教学和讨论。书中的探讨还建立在《合乎道德的仿生金融原则》(*Principles of Ethical Biomimicry Finance*)中所阐明的、鼓舞人心的愿景之上，这些原则主要由黑兹尔、贾妮娜和罗莎琳达·桑琪施（Rosalinda Sanquiche）[①] 等人在佛罗里达最初那次聚会后着手拟定。我在本书中撷取其精华，再辅以自己对如何将这些原则运用在投资方面所做的

① Ethical Markets Media 的执行董事兼首席运营官。该公司管理绿色转型记分牌，追踪全球范围内价值达数万亿美元的私人绿色投资动向。——译者注

解释，以飨读者。在此，也请允许我对贾妮娜、戴娜、克里斯·艾伦（Chris Allen）、黑兹尔、罗莎琳达和我们多年来所有致力于此项事业的同仁致以由衷的感谢。他们不仅是才华横溢、开拓进取的知识分子，也是慷慨大方、富有同情心的引路人和实干家。

The NATURE of Investing

第 3 章

仿生学的启示

Resilient Investment Strategies Through Biomimicry

仿生学致力于拥抱自然的智慧，而不是索取自然的物资。它的出发点是以开放的心态进行探寻和求知，即问“如何做到”，而不是问“多少钱”。

第 3 章
仿生学的启示

在至简的形式中，仿生学是一种直截了当的实践。

它在人们开始每一次创造、做出每一个决定、着手每一个设计之前都会停下来，自问："若是大自然，此时会做什么？"这个问题要求我们，在直接跳转到那些预先编程、精心安排的默认机制之前，先汲取大自然的智慧。它为我们打开了创造力和互联性的大门。在这个问句里，"此时"一词平添了一分玄妙的意味，提醒我们所处情境的重要性。我们并不是为图方便而随机选取一些自然原理的只鳞片爪来做一些剪切粘贴，而是想要在适当的情境下探索自然的深层智慧。

为什么是仿生学

自然的行为是有形而具体的，它就在我们身边，随处可见。也许这就是为什么远足是帮助我们突破写作瓶颈的最好方法，是平复焦虑或愤怒情绪的最佳方式。自然是可持续的，它不断进行自我优化、连接万物、生生不息。正因如此，自然法则与人类最深层的智慧相一致，无论这智慧来自哲人贤者、精神领袖还是原始土著。

在更为完整的应用领域，仿生学要求我们将自然视为范例、导师和衡量的标准。作为范例，大自然以其长达 38 亿年的周行不殆为我们提供了丰富的经验教训。我们可以利用这些经验教训为自己的产品和流程带来创新，使之更符合生命法则。作为导师，大自然给我们带来的是智慧，而不仅仅是原材料。作为衡量标准，大自然提供了检验我们所做的努力是否符合真正长期的、完整的、综合的可持续性标准的明确方法。在这三点标准之外，我还想加上一点，即“灵感源泉”，因为我曾见过，仅仅通过简单观察周围的生命所展现的奇迹，我们就可以释放无尽的创造力。

仿生学本质上也是一种多层次的方法，同样的框架可以应用于不同形式、多个流程乃至整个系统。这使得它非常适合应用于像投资这样的多维度领域。在这个领域，我们遭遇的最大挑战之一就是工具和语言的开发。目前我们所有的工具和语言都只针对该领域的局部片段，而无法做到统括全局。

同样，仿生学的应用范围并无局限，它可以被应用于微观、中观、宏观甚至“元”层面。在工作中，我会使用仿生学来探究单个公司的投资前景、我的投资流程、投资产品和工具，以及整个金融系统的运行规律。虽然情境是具体多样的，但原则是普遍统一的。

拥抱智慧，而非索取物资

仿生学并不是对世界及其运行规律的一种过于浪漫化的演绎。大自然不仅有明媚的阳光和小猫小狗，还有飓风、毒蛇、干旱和老鼠。我们既可以从大自然的光明面中学习，也可以从它的黑暗面中学习。自然系统的法则通常与人造系统的法则不同，自然系统也会以不同于人造系统的方式（通常是更好的方式）对变化和混乱加以调整。自然界中存在着频繁而巨大的混乱和失衡，但经历了所有这一切后，生命仍努力创造有利于自身繁衍的条件。我们能从应对这些混乱和失衡的适应中学到的东西，并不比从一个持续良好运行的系统中所能学到的少，甚至犹有过之。

也许最重要的是，仿生学不像美国国防高级研究计划局[①]开发机械蜂鸟一样，仅仅对自然进行复制；不像在沙漠中的高层建筑里加一层竹制地板一样，将自然粘贴到非自然环境中；也不是简单地将大自然当作一个项目分包商，只取其中对我们有用的散碎片段，而不对情境、流程或系统加以全盘考虑。仿生学致力于拥抱自然的智慧，而不是索取自然的物资。它的出发点是以开放的心态进行探询和求知，即问“如何做到”，而不是问“多少钱”。

① 美国国防高级研究计划局（Defense Advanced Research Projects Agency，DARPA），美国国防部下属的行政机构，负责研发用于军事的高新技术。——译者注

开启一场仿生学投资之旅

因为仿生学是有科学基础的，所以我们很容易受到诱导而直接进入线性思维模式，开始分析它的原理，贯彻它的实践，不假思索地对结果照单全收。不过，要真正做到行之有效，在我们开启这趟仿生学投资之旅前，在心态上有三项基本的、定性的准备工作必不可少。

第一，重新进行自我定位，认识到自然并不与我们分离，我们就是自然。这个道理虽然显而易见，但令人遗憾的是，对于我们来说却有点陌生，因为我们经常习惯性地认为自然是“彼处的某物”。比如我们热心参与的环保运动，其发起的初衷都是拯救鲸鱼、热带雨林或斑点猫头鹰之类，这些物种似乎离我们很远。而实际上，它们都是包括我们自身在内的、更为宏大且相互关联的生态系统的一部分。有时候，人类能动性的概念会让我们陷入一种与自然分离的状态，因此，对那些同为自然造化的万物，我们往往要么“支持”，要么“反对”，却并不认为它们“与我们同在”。

第二，认清投资和金融如何融入我们所在的更广阔的世界。对于我们这些从事专业投资的人来说，金融市场有时可以自成一体。市场似乎成了我们生活、经济和社会的主要驱动力，而事实上，金融只是人类总体活动的一小部分。将投资重新定义为人类实践的一部分，再将人类实践重新定义为自然环境的一部分，这项任务对于我们来说是必不可少的，同时也可以教会我们谦卑。

第三，学会克制。这个调整对于我来说是最为棘手的。多年来，像许多人一样，我所接受的训练就是让自己的头脑反应尽可能地敏捷迅速，特别是身处专业领域之中时。当我接触到一个令人兴奋的新想法时，这种倾向就会更加强烈，我想尽快解开谜题、想要赢。但就有效的仿生学实践而言，我们需要的却是绝巧去智。为了向自然学习，我们需要以一种开放的心态来观察，而不是忙于寻求一个即时答案。

这种静心与冥想修行中的“初心”有相似之处，即使是有经验的冥想者，也会被鼓励以开放和平静的心态来修行。同样的概念也存在于一些最佳投资实践中，因为投资者如果在寻找机会时视野过于偏狭，那么他肯定会在两个方面错失良机：其一，错过处在他狭小视野之外的事物；其二，从范围狭小的数据集中得出错误的结论。如果缺少对更宏大背景的理解，缺乏对微观与宏观如何彼此相合的感受，就不可能做出合理的决策。这并不是说我们不需要专注，而是强调，只有了解了周围环境之后，专注才能有效。

总之，我们的挑战是紧迫的！但要真正开始，其实并没有那么困难或耗时。以下是一些简单的提示。

去户外，深呼吸。

如此往复。

试着去看，而非搜索；试着去听，而非寻觅。

等待，就一会儿。

然后，开始阅读吧。

Resilient Investment Strategies Through Biomimicry

The NATURE of Investing

第二部分

六大转变，重构投资生态系统

不要仅仅过问投资的机制如何运行或其设计如何巧妙，而要以了解其“目的是什么”为开端。

The NATURE of Investing

第4章

从追求效率到追求效能

Resilient Investment Strategies Through Biomimicry

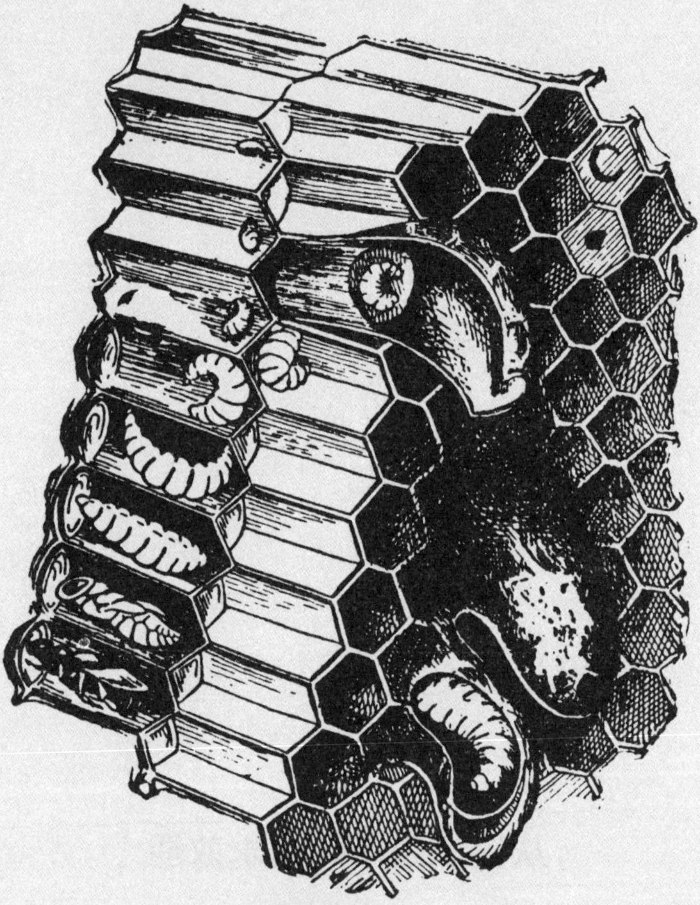

资源及能源效率：蜂窝状结构

这种结构看起来确实很美观，所有六边形都是逐行排列的。这也是最高效的形状：与其他标准形状相比，六边形使用更少的材料（和更少的能源）即可维持每个单位的结构完整。

几年前，我曾和父母围坐在一起，检查他们为退休所做的投资计划。其实也没有什么太古怪的投资值得讨论，他们没有开曼群岛的秘密账户，没有流动性不足的私募股权基金，更没有位于佛罗里达大沼泽地（Everglades）的分时度假别墅。但就算是一项简单的投资计划，其构成也颇为复杂：至少有 8 种不同形式的政府担保储蓄工具，再加上一长串主要投资于美国大公司的共同基金。多年来，每当能多存一点钱的时候，我的父母都会被推销新的投资项目，而每个项目单独来看都是完全合理的。但当这种缺乏多样性的“新”项目层出不穷了 40 年后，留给我父母的就是许多不必要的重复投资。而且，他们还会收到来自各种机构的财务报表，这意味着他们需要花费大量的时间和精力来核对信息，以保持所有记录的准确性。

我在自己的消费模式中也看到同样的倾向，即一种无意识也无必要的囤积。

我的橱柜里经常囤有很多罐装西红柿，因为每次购物时我都记不起橱柜里还剩多少；我的衣橱里有不下 10 件黑色 T 恤，因为最新的那件看起来更棒或和以往那些略有不同；我的投资组合一览表里列了几十只股票，因为每只股票看起来都独特而有趣。无论是更好的时尚之选，还是了解新公司的乐趣，如果这些选择真能为我带来一些有价值的东西，那也算好事。但在很多情况下，就像我父母的退休投资计划一样，更多并不意味着更好。就投资而论，我们需要的不是更高的复杂性或虚假的多样化，而是更深层次的效率，即真正的效能。

资源效率法则

如果说华尔街还有一件事算是做得对的，那就是追求效率。就在离现在也不算遥远的 20 世纪 90 年代初，拥有最快的传真机或带宽来接收股票实时报价，对于投资者来说就可能是一个巨大的优势。

仅仅 20 年后，这些实现效率的方式已日臻精巧：大公司会豪掷数十亿美元开发超高速交易系统，文本爬虫程序可以自动抓取新闻稿中的“业绩指引下降”或“更高收益”等词语，此刻我的手机上就有 7 款 App 可以提供股票实时报价。但效率不是只与速度有关，也不是只与成本有关。“快速而廉价”是一种常见但肤浅的效率形式，短期内让你感觉良好，最终却会带来隐性成本。

而讲求资源效率的自然法则体现了一种更微妙、更深入的效率形式。在自然界，效率包括复杂的设计原则，如多功能性，还有使形式与功能相适应。自然效率并不等同于速战速决，而是真正的效能。

资源效率法则的次级原则包括：

- 使用多功能设计
- 使用低能耗流程

- 材料再利用
- 形式与功能相匹配

关于第一条次级原则，即使用多功能设计，我想提一个问题：“你见过一只鸭子在池塘边整理羽毛吗？”不得不承认，曾经我一直觉得这个场景平平无奇，直到了解鸭子羽毛油脂中蕴藏的惊人的设计元素之后，才发现自己以往大错特错。这种油脂是多功能设计这一次级原则的绝佳例证：它由鸭子自身产生，既可以给羽毛防水，也可以给鸭嘴保湿，暴露在阳光下便分解成维生素 D。它不仅符合肤浅的效率标准（快速而廉价），而且有效和高效。可以说，这种油脂利用简单的体内材料，实现了众多功能。

关于第二条次级原则，即使用低能耗流程，它的一个完美示例是托哥巨嘴鸟。巨嘴鸟的喙有很多种用途，其中最有趣的一种是作为热交换器。当天气变冷时，巨嘴鸟会减少流向喙部的血流量，从而把更多的热量保留在体内；当天气转热时，它会增加流向喙部的血流量，从而让更多的热量通过表面积较大的喙部散出。巨嘴鸟不需要扇动翅膀来取暖，也不需要寻找外部的高耗能冷却机制。它的这些调节都发生在身体内部，而且行之有效。

第三条次级原则，即材料再利用，则在寄居蟹身上得到了很好的体现。寄居蟹是我童年众多噩梦的来源（听听它的爬行声吧，“咔嗒，咔嗒”）。如果当时知道资源效率法则，那我至少可以好好利用被吓得睡不着觉的这段时间，想想寄居蟹是如何高效地找到自己的家的：它们一旦发现一个合适的空螺壳，就会直接搬进去。这些螺壳以一种效益最大化的方式不断地被回收利用。也许寄居蟹的外表不像巨嘴鸟那么华丽炫目，但这两者同样阐明了资源效率法则。

第四条次级原则，即形式与功能相匹配，优美地体现在各种生物身上。比如有一种仙人掌科物种乌羽玉，它在缺水的时候会收缩，使嫩枝变得扁平，甚至整枝都会缩入地下；当有水的时候，嫩枝又重新冒出地面。可以说，其生长特性经过了完美设计，以适应干旱缺水的生存环境。

当我们将资源效率法则的应用场景从生物界转到人类社会时，需要注意“资源效率”这一词中包含的三个基本概念。

第一个基本概念是形式和功能相辅相成，并以需求为基础。根据这一定义，执行不必要的功能是低效的，因为没有产生任何有意义的收益。而用不匹配的形式来执行功能则是一种浪费，会使用比实际所需更多的能源和资源。假设你有步行和帆船这两种交通方式，又有街角的商店和偏远的岛屿两个目的地。虽然这些构成元素本身并没有好坏之分，但你双脚的结构和功能显然与到街角商店的路程相匹配，而如果尝试步行（或游泳）去那个岛屿，就会浪费大量精力。每种功能的背后都有相应的需求，同时也都有一种最匹配的形式。而一种真正优秀的形式，可以用一个设计匹配多种功能。

第二个基本概念是效率和效能之间的关系。有时高效的事物也是有效的，比如巨嘴鸟的喙或仙人掌的嫩枝。但在某些情况下，我们过度专注于诸如速度这样肤浅的、低级别的效率，反而远远达不到深刻的、真正的效能标准。

例如，在波士顿的查尔斯街（Charles Street）上有一家小餐馆，餐馆里的座位很少。经理会要求顾客先排队、点菜，拿到菜后才能找座位坐下，而不是每个人都去争抢那为数不多的空椅子。这个小小的调整让很多顾客感到非常不舒服。他们皱着眉头，不停探头张望座位情况。偶尔还有人把外套搭在椅子上，而无视椅子上贴的那个明确不许占座的大号标志。顾客想要马上占个座的欲望很强烈，尽管这种欲望与当下的需求无关。餐馆采取的这种先等再坐的方式似乎效率不高，但确实很有效，保证了在恰当的时间有恰当的座位数量，实现接近 100% 的上座率。诚然，找到座位的整个过程并不快。但这却是一种更深刻的高效形式，它对时间、空间和费用进行了综合优化。

第三个深植于这条法则中的基本概念是持久性。与许多人类活动不同，自然情境中的效率需要我们采用一种全周期的、多维的视角。如果一种新的制造工艺，虽然使用的材料更少，但能耗更大，且最终会产生有毒的副产品，那么它就不符合资源效率法则。当然，跨越多个维度和多个时间框架的管理无疑更加困难。为了完全符合这一法则，我们需要将以下要素一并纳入考量范畴：优美的多功能设计、材料和能源效率、可回收及可再生材料的使用。这是一项比仅仅瞄准“廉价的即刻达成”更艰巨的任务。但“更艰巨”又怎样呢？正如通用电气前董事长杰克·韦尔奇所说，我们需要吃饭，我们也需要梦想。或者用我妈妈的话来说：“亲爱的，这就是为什么工作被称为工作。它本就该难。”要实现提高深层效率这一目标，并没有什么捷径。因此，除了吸引眼球的大标题，我们也要对细节精益求精。我们每个人，作为公民，作为商人，作为艺术家，作为创新者，作为家庭成员，当然也作为投资者，每天都在各种场景中以有效的方式发挥自己的作用。这些自然法则承认的是多维真相，并将这种真相扩展到更多的实践领域。

明确而真实的需求是确保高效的前提

人们很可能会声称，资源效率型投资早已存在且盛行。关于每一个效率相关的次级原则，我们很容易就能举出大量的金融例证。

以货币的基本构成要素为例，它当然是多功能的，既可以作为财富进行储蓄，也可以作为交易价值的衡量标准，在恶性通货膨胀时期，甚至还可以拿来当墙纸。此外，如今的证券交易几乎没有成本，所以这肯定是一个低能耗的过程。说到证券，我们经常反复交易和再交易同样的证券，这似乎和回收材料差不多。而且投资有很多种形式，我们当然可以主张其形式适合各种功能。如果投资形式与功能发生错配，产生的后果将不堪设想。

例如，影片《心灵捕手》（*Good Will Hunting*）中有一幕令人印象深刻：主角威尔（Will）当场拆穿了那个自命不凡的研究生，指出他的观点不过是引用了某书中的段落而已，并说他花了上万美元学费所受的教育，其实只需要付一小笔图书超期滞纳金就能在公共图书馆得到。研究生则反唇相讥道，也许确实如此，但在他毕业时，他会得到一个学位，而威尔却没有。这就是问题所在。对教育进行投资的功能是什么？是接受教育，还是获得一个学位？如果是前者，威尔那种投入时间钻研的方法显然是最合适的，而研究生花那么多钱则是愚蠢的；如果是后者，那么花上万美元的学费可能确实是一条体现资源效率的途径。

因此，我们真正要问的问题需要同时包含功能和情境：在这种情况下，投资的目的是什么？对于个人投资者来说，有时可以用简单的货币条件来回答这个问题，比如“我需要从这项投资中获得每年 5 000 美元的收入”；或者从多个层面来回答这个问题，比如“我想支持当地的农业社区，并且需要在两年内收回这些钱”。在某些情况下，个人投资者给出的答案揭示了更复杂的个人优先顺序，比如“我需要这笔钱来买一栋房子，但我想向我的阿姨表达敬意，她是一位反战抗议者，所以我想以一种促进和平的方式进行投资”。现在明白了吗？我们之所以在定义投资功能时经常会规避这种微妙细节，是因为这会让任务变得困难得多！但任务也会因此变得更有趣、更真实，并且最终会得到更多的奖励。

对于专业投资人士来说，其面临的情境可能与个人投资者不同，答案可能更难获取。比如你的公司要引进新的投资基金，如果你的目的是发展自己的业务，那么围绕形式和流程的相应问题也都迎刃而解了；如果你的目的是为客户提供新的或不同的服务，那么你要考虑一下，为什么需要这种新服务、什么样的形式最适合这个目的。也许最后你会发现，更恰当的形式是与其他供应商合作，或者利用其他已有的流程，而不是耗费精力和金钱来创建自己的产品。

金融史上许多最为重大的错误都源于对需求的错误陈述或凭空杜撰。1637 年，谁会“需要”郁金香球茎呢？几乎没有人，或者说，至少比“想要”郁金香球茎的人少得多。这种错配导致了“郁金香泡沫”和随后的大崩盘，所有这些都不符合效率和效能的法则。请注意，对需求的定义未必要高尚或正义，只需明确和真实即可。最重要的是，需求会变化，因而投资的目的不是单一的，也不应该是单一的。

了解投资的目的，是让我们从单纯追求快速而廉价的效率转向追求更深层次的高效和有效的根基。有了明确而真实的需求，就更容易找到与之相匹配的形式，看看哪些材料最适合手头的任务，并确保投资方法的高效和多功能设计。

共同基金与资源效率法则的契合度

关于我父母退休后的投资计划，我也一直在思考其与投资目的相关的问题。如果在这一投资计划的每一步，我们都能够清楚地评估相应的需求、形式和功能，那么就不太可能最终手握一打形式不同但基本功能雷同的投资项目账户（或在橱柜里囤积一打西红柿罐头）。幸运的是，就我父母的投资项目而言，这种重复还算温和无害：它虽然增加了复杂性，却没有显著推高成本或风险。但对于其他许多投资者来说，情况就并非如此了，他们经常会遭遇一波又一波复杂问题，而解决这些问题的代价可不低。

我们不妨考虑一下对于许多投资者来说最简单的解决方案，即共同基金（又称“互惠基金”）。一只主动管理型基金每年的平均收费约为 77 个基点，这意味着投资者每年要支付投资总额的 0.77%（即每 1 000 美元投资需要支付 7.70 美元）给基金经理，无论其投资业绩是提升、降低还是持平。指数基金的管理成本要低得多，每年费用只有 13 个基点，但也还是要收费的。那么，这笔费用让你得到了什么呢？答案是专业人士为你打理资产的服务，以及准确的会计和税务记录。当知道其他人正为了你的利益在金融市场上殚精竭虑时，你的内心会变得平静。但是，你并不会因此就得到优异的投资业绩，至少不会必然如此。在所有权益类和固收类基金中，只有不到 50% 的主动管理型共同基金的 10 年期业绩优于基准，且某些类别中有多达 80% 的基金表现不佳。

尽管如此，这似乎仍是一项相当公平的交易，投资者可由此获得良好的服务、多样化经营，以及至少保有以适当的费用换取高回报的可能性。那么，共同基金投资方案与资源效率法则相比又如何？

- 多功能设计：它有一项主要的功能，即作为一个有效的投资工具，共同基金正是为此而设计的。此外，可以将相同的基金设计用于各种投资，如股票、债券，或在不同地区的投资，或对不同规模的公司的投资，等等。但这些功能的关系都是极为密切的，不像鸭子的羽毛油脂，将保湿剂、防水剂和营养剂这些看似不相干的功能合而为一。

- 低能耗流程：与投入自己的时间和精力或更为复杂的投资计划相比，共同基金在这一点上与我们的原则相当吻合。它便于操作，且适应性强，不需要投入额外的精力。
- 材料再利用：在某些方面是可以做到这一点的。共同基金的组成部分（个股和债券）不断被买卖，并以不同的组合重新配置，来形成完整的投资组合。
- 形式与功能相匹配：在这一点上，共同基金做得相当出色。其形式简单而灵活，可用于基于各种原因的投资，也可用于投资各种不同的证券。但如前文所述，这些功能都是紧密相关的。

在以上方面，共同基金给出的答案基本在 B 或 B- 的水平。简单共同基金与资源效率法则保持一致，但其方式相当有限。

如今，共同基金已经被许多人视同儿戏。对于那些有着“正经”投资目标的“正经”投资者来说，它们太简单太基础。巴菲特在他 2005 年度报告中曾讲过一个关于这些投资者和他们一波又一波“助手”们的著名故事（那一节的标题是“如何最小化投资收益”，可以看出他到底想表达什么）。巴菲特描述了一个虚构的戈特罗克（Gotrocks①）家族，不同类型的财务助手曾先后与他们接洽。首先是经纪人助手，其次是经理人助手，再次是顾问助手，最后是“超级助手”。每一批投资助手都可能是出于好意，可能也带来了一些价值，但都推高了戈特罗克家族投资流程的成本，并且这些成本远远超过了投资人所获得的价值。可以说，这种担忧不仅适用于个人投资者，也适用于机构投资者及其顾问。

乍看之下，这种费用似乎只是小问题，几个基点的费用算什么，更何况他们能给投资带来额外的专业知识和合理的判断。我们不妨把这些费用加起来看看。以下是对复杂情况给投资者带来的成本所做的快速而简单的总结：

---

① 该词含义为“既得利益”。——译者注

- 指数基金：只是以一个特定的指数反映证券的状况。成本为 13 个基点。
- 主动管理的股票型共同基金：采用“精选股”的方法构建的证券子集，旨在跑赢相关指数。成本为 77 个基点。
- “基金中的基金”产品：不同基金的捆绑，通常附加一级费用。成本为 91 个基点。
- 对冲基金：一种特殊的基金，投资自由度相对更高，因此更有望获得优异业绩。成本为典型的“2-20”收费模式，即每年 200 个基点，加上 20% 的收益。
- 投资顾问：帮助投资者在成千上万的可选项中量身打造投资决策的人。成本为在上述所有特定产品费用之外，再加每年 106 个基点。

这个清单还不包括高净值个人或机构经常使用的更复杂的选择，比如对冲基金的基金、额外投资顾问层，等等。此外，这些费用都是年费，每年支付一次，且与业绩无关。

很多时候，这种收费是合理的。比如，基金的长期投资业绩可能很好，或者投资者确实需要并重视顾问的帮助。也许你出于财务目标以外的理由进行投资，比如改善当地的食品网络或支持新的企业家，而顾问提供的非财务信息及其结果值得你支付这些费用。根据过往的履历，多年来我一直担任主动管理的股票型共同基金的投资组合经理，我们的目标始终是，在计入所有费用后，跑赢市场（以及指数）业绩。正如我们公司的总裁曾经说过的那样，“我们可不是来自娱自乐的”。人们指望我们以负责和有效的方式管理他们辛苦挣来的财富。所以本节的重点并不是简单得出一个“收取费用不好”的结论，而是提出更重要的问题：这些费用起到了什么作用？它们为投资者带来了什么价值？

即使这些费用确实为客户带来了巨大的价值，投资费用的付出也可谓代价高昂。假设你向一只指数基金投资 10 万美元，为期 10 年，每年支付 13 个基点的费用（第一年支付 130 美元）。如果回报率是每年 5%，那么在第 10 年到期时，你就有大约 161 000 美元，即这 10 年的总回报率是 61%。然而，如果将同样的 10 万美元投资于对冲基金，那么你需支付的费用是 200 个基点（第一年是 2 000 美元），再加上 20% 的投资收益。如果其回报率是每年 5%，和指数基金一样，那么在第 10 年到期时，你有大约 122 000 美元，这 10 年的总回报率只有 22%。换句话说，由于收取的费用更高，因此，对冲基金每年需要实现大约 8.5% 的回报，才能让你最终所收获的资金与业绩回报仅为 5% 的指数基金大致持平。而在 5% 的相同业绩水平下，你在这段时间内等于为对冲基金组织额外支付了大约 39 000 美元的费用。

这个快速演算展示了采取与自然法则类似的指导方针如此有用的原因，因为我们的大脑并不适合考虑涟漪效应（ripple effects）[①] 和复利计算。即使我们在理智上理解了多层费用的事实，即使我们擅长在头脑中进行复利计算，2% 或 3% 的费率听起来也还是很低。现实就是这样：3% 的降雨机会意味着几乎肯定会是个晴天，但 3% 的投资费用却可能让你遭遇“狂风暴雨”。对于同样的“3%”，我们的大脑很难区分这两种截然不同的情境。

对于“超级助手”投资模式，即利用复杂产品和多层顾问的投资模式，我们在评估其对于资源效率法则的违背程度之后，就可以发现它存在以下问题：

- 它是否采用多功能设计？虽然这种模式的主要

① 描述一个事物造成的影响会逐渐扩散甚至扩大的情形。——译者注

功能是投资，但它使用日益繁复的产品和投入来服务于同一目的，违反了多功能设计原则。

- 它是否采用低能耗流程？随着投资流程的延长和顾问层数的增加，能耗也会增加。这表明该模式没有采用低能耗流程。
- 所有的材料都是可回收利用的吗？虽然共同基金表明，基金的组成部分经常被交易和重新配置，但这仍然是对“再利用”的一种相当狭隘的解读。这种模式没有充分考虑材料再利用的可能性。
- 形式与功能是否匹配？相比之下，简单方式的形式和功能更容易匹配。“超级助手”投资模式本质上要比简单方式复杂得多，而且几乎没有证据表明它能更好地发挥基本的投资功能。这表明该模式的设计是一种过度设计，而非形式与功能之间的简单而优雅的匹配。

因此，虽然复杂的、多层次的投资方法有时可能有其意义，但大多数情况下，这种过度设计的模式会增加成本和复杂性，而它所带来的额外特性的价值和需求可能并不明确。

这里我们得出一个重要的区别："复杂度"并不等同于"复合度"。在当前语境中，这两个词表达的意思截然不同。一个复杂的系统或一个复杂的投资产品，只是一个难以管理或难以解释的系统。它很难应对，但可以预测。而一个复合的系统（更准确地说，一个复合的自适应系统）由异质的、彼此互联的部分组成，这些部分间以不可预测的方式相互作用，并随着时间推移而不断变化。因此，整个系统不能仅仅通过对各个组成部分的简单相加来描述。作为一个集合体，该系统显示出一些自发属性，人们很难用简单的线性方式将其中的因果联系起来。我们不妨想象一个蜂群：每只蜜蜂正在执行的任务是可描述、可定义的，甚至是可预测的。但是，将每只蜜蜂的行为加成到一起，实际上并不能描述整个蜂群的功能。一群个体的蜜蜂是复杂的，而一群协同工作的蜜蜂是复合的。

复杂度和复合度之间的区别，对于探究有效的投资实践为什么如此重要？以下两点可以解释原因。

第一，我们经常将一个简单的需求与一个复杂的解决方案或产品相匹配。有些人只是想为大学学费存钱，却通过 3 层顾问投资于一个"基金中的基金"，支付多达 2% 的费用，而他们本可以用 1/10 的成本就能实现同样的基本目的。与所需的简单功能相比，这个解决方案显然是过度设计的。

第二，我们经常将复合情况误认为复杂情况。这种错误的代价可能不止损失一些钱，而可能是毁灭性的。如今，我们确实经常有真正复合的投资需求。例如，试图为一个庞大的全球投资组合降低风险，而该投资组合内部的相关性不断变化，且不可预测。我们试图通过抛出更复杂的解决方案来解决这个复合问题。这就像给一个意义完全不同的“心碎”之人实施高难度的心脏瓣膜手术。也许医生的技术很高超，处理位置也相同，但用到此处就是南辕北辙。我们永远无法用这种方式解决问题，就像永远无法通过观察单只蜜蜂来了解蜂群一样。因为形式与功能不匹配。

幸运的是，我们看到越来越多的范例正将投资需求与简单、优雅、直接的解决方案重新联系起来。例如，点对点（peer-to-peer，P2P）网络借款允许更直接的贷款形式，从而消除了数层中介机构。虽然与整齐捆绑的投资产品相比，这种产品具有不同的特点，也包含不同的风险，但它提供了投资者和投资对象直接的联系，这可能使它更契合资源效率的法则。试想一下，没有三四层机构参与贷款打捆（低能耗流程），拥有一个可以同时满足许多不同贷款者和借款者需求的平台（多功能设计），以及允许直接和简单交易的指向性（使形式匹配功能），这一切能够节约多少资源呢？ P2P借贷的现代实体还处于起步阶段，它们既是新工具，也是一个古老概念的延伸，这个概念在村庄、朋友和家人之间已经存在了几个世纪。其理念就是借钱给自己认识的人，并以一种对自己的社区做出贡献的方式，将金融风险与社会资产结合起来。这正是一种简单优雅的投资形式。

在影响力投资（impact investing）[①] 领域，效能也是一个重要的考虑因素。由于影响力投资者寻求的不仅仅是财务回报，因此那些传统的投资“风格箱”往往不能满足他们的需求。这使得许多此类投资尝试变得非常复杂和难以管理，需要大量法律文书和其他创意结构。然而，一些投资机构，如RSF Social Finance、Calvert Foundation 和 TriLinc Global，正在用更简单、更低成本、更有效的方式来满足这一需求。它们提供投资选择，以简化大量法律文书，同时满足多种功能（如财务效益、社会效益、社区联系）的需求。这对于投

① 也被称为“公益创投”或“社会投资”，是指在追求一定的财务回报外，也在社会和环境影响力方面规定量化回报指标的投资方式。—— 译者注

资者来说是一种更轻松、更明智的选择。

如何实现资源效率型投资

真正的效率不仅仅是廉价而快速，它更深层、更自然，包含着跨系统和跨生命周期的全局观。在考虑一项投资时，我们应该先思考其目的和形式是否最匹配，然后审视对应的功能是否已经存在，或者我们是否只是在复制它。如果我们只是在依样画瓢并消耗额外的精力和资源，那么这种投资就是低效的。

一旦明确了特定的投资问题，我们就可以将它们推广到更广泛的投资形式中去。无论是投资时间、金钱还是精力，我们都应该思考：投资的关键功能是什么，所选择的形式是否深层高效，是否有更具创意、能够执行多种功能并使用更少资源的解决方案。只有这样，我们才能在投资中实现真正的效能。

当前的投资文化重视效率，但我们常常只考虑其最肤浅的形式，即廉价而快速。我们可以重新定位这种价值，将其与更深层的形式，即与真正的、系统的效率相联系。这种效率才是真正的效能的体现。

如果我们试图通过更快的处理方式或增加资源来解决投资难题，那么我们应该停下来重新思考自己投资的真正目的和要实现的功能。我们可能需要思考什么形式最匹配这些目的和功能，而不是盲目地追求建立新层级和拥抱创新的想法。尽管创新的想法很吸引人，但也许我们需要寻找更简单、更有效的方式来解决问题。

最后，我父母多年来一直在当地银行选择的普通老式国库券和定期存款都很好地发挥了它们的作用，而且是以一种简单、资源高效的方式做到的。这些投资并不适合被当作鸡尾酒会上的谈资，它们平淡无奇，甚至有些平凡。但我的家人很清楚自己投资的目的。他们只是想为退休后的生活攒点钱，而不是进行复杂投资，例如货币互换或购置巴西的房地产。他们也不想浪费时间和精力在投资上，而是希望找到一种简单的解决方案，以实现他们的财务目标。这种清晰的思路，以及相应形式和功能间的有效匹配，对他们来说就足够了。

以下是一些有助于遵循深层效率路径进行投资的简单创意：

- 明确投资的基本功能。你的投资目的是获得经济回报吗？你需要哪种类型的回报？时间范围是多久？你的投资是否涉及其他形式的回报，如社会效益、社区建设，以及个人或组织的联系？大自然并不拘泥于单一的功能，因此我们也应该让自己的投资功能多样化。
- 认识到我们并不总是需要更多的帮助和更大的资源耗用强度。许多投资流程都包含一个内在的假设，即“越多总是越好”，因此我们往往追求更大的团队、更多的专业知识、更强大的基础设施等。但自然系统所利用的是适当水平的资源和能源，而不是最大限度的资源和能源。有时我们确实需要较高水平的复杂度，但通常情况下，低水平的复杂度就够用了。
- 要确保自己的投资形式和功能相匹配，而不是盲目追求花哨或创新的形式。

有了对资源效率和能源效率在投资中的重要性的充分认

识，我们就可以找出那些媲美鸭子羽毛油脂或巨嘴鸟喙的投资形式，也可以消除不必要的复杂性，将精力集中在需要我们付出更多努力且有所回报的领域。

由此，我们的投资可以从追求肤浅的效率转向追求深层次的效能。

THE NATURE OF INVESTING

解码仿生投资

- **自然的法则：**

  资源效率法则

- **转换成投资语言：**

  清晰而真实的需求是确保高效的前提

- **投资自测维度：**

  它是否采用多功能设计？

  它是否采用低耗能流程？

  所有的材料都是可回收利用的吗？

  它的形式和功能是否匹配？

- **进化中的投资范例：**

  P2P 和影响力投资

- **投资箴言：**

  让形式与功能相匹配，“越多”并非“越好”

The NATURE of Investing

第5章

从合成转向有机

Resilient Investment Strategies Through Biomimicry

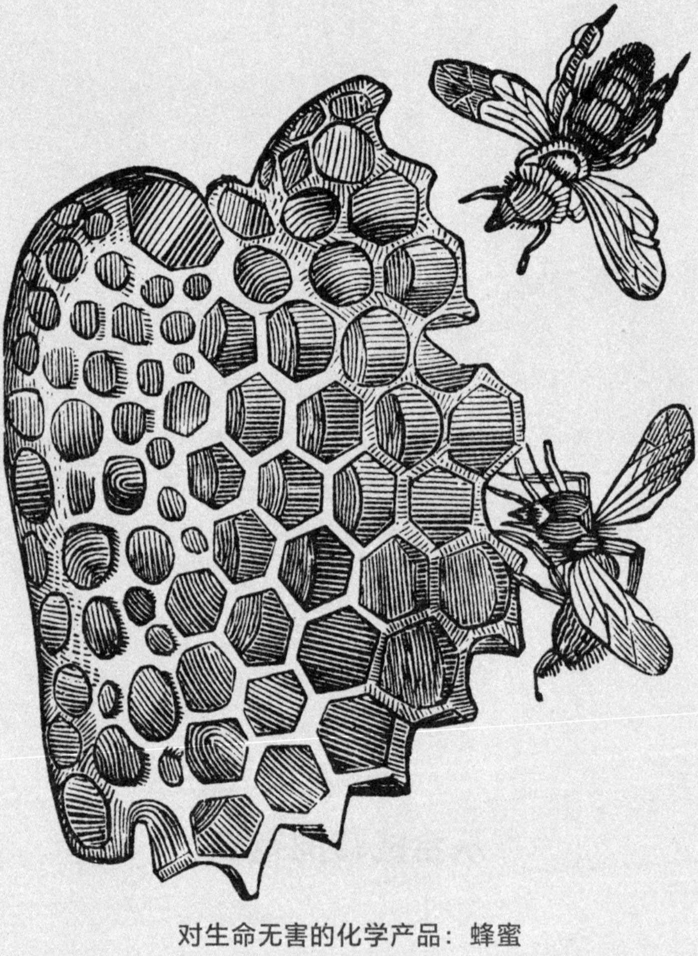

对生命无害的化学产品：蜂蜜

蜜蜂将花粉和花蜜加工成一系列令人叹为观止的产品，如蜂蜜、蜂蜡和蜂王浆。这是用一小部分元素打造精致产品的完美例证。

“我们有一款很棒的新产品，”我的一位做理财顾问的朋友乔（Joe）这样宣称，“它是一种综合市场对冲证券，具备以下功能：如果市场下行，你的损失有限；但如果市场上行，你就能获得所有收益。”

这段对话如果发生在喝咖啡时的闲聊中，那似乎毫无问题，但它发生在2008年和2009年的金融衍生品出现巨额亏损[①]

① 即美国次贷危机。2007 年美国次级抵押贷款风险浮现，并逐渐蔓延至股市，2008 年次贷危机扩散至保险公司、储蓄机构等，导致许多大型金融机构倒闭被政府接管。次贷危机演变成金融危机，影响波及全球。——编者注

之后不久，此时每个人对风险都有点草木皆兵。我的这位顾问朋友用优雅、自信和高度技术性的语言回复了我的每一个问题。不过，这种证券明显太过完美，以至于不像是真的，所以我问了一个每当有人向我提出看似神奇的模型时我都会问的问题："它什么时候会失灵？"

好在乔确实对此知根知底，他强调了两个重要的警告：第一，这些机制只在特定的市场业绩范围内起作用，因此，如果情况非常糟糕或非常好，证券的业绩结构就不成立；第二，这些证券不能轻易出售，因为一旦其针对一个特定的时期进行了设定，就必须沿着进程一往直前，不能撤销。这种产品背后的想法并不坏，但它太具针对性，只能为一个特定的市场，在一个特定的时间段，管理一个特定的风险范围。

在交谈中，我的脑海中突然浮现出加工奶酪酱的画面。我在费城附近长大，所以很清楚维滋奶酪酱（Cheez Whiz）[①] 的味道有多好，尤其是当它被恰当地涂抹在牛排三

① 由卡夫食品有限公司生产的著名罐装加工奶酪酱，但被指其中完全不含奶酪成分。另外，品牌中 Cheez 的拼法和 cheese（奶酪）有所不同，这也引发了作者在下文的揶揄。——译者注

明治或软椒盐卷饼上时。但是每个人都知道这种奶酪酱并不适合作为健康营养计划的主体。事实上，我对维滋奶酪酱颇为欣赏之处是它名字里的那个“z”，因为这个字母里蕴含着真相。这种产品甚至都没有假装自己是真正的奶酪。我们也可以在投资界使用类似的标签，比如“基淦中的基淦”（fundz of fundz），或者“衔生品”（derivativz），在产品名字里就给出点征兆，表明它不那么寻常。

如果不想用这样的标签，我们就该采用无毒生产法则。

无毒生产法则

我们都听说过“有毒证券”，即那些卖不出去、似乎价值为零的证券。它们的“毒性”到底从何而来？事实上，所有的投资都涉及某种形式的创造，因此创造手段是健康金融体系的重要组成部分。打个比方，如果你正在生产汽车零部件，目标是不排出有毒废物，那么你需要从一开始就将这一原则体现在生产流程设计中。金融也是如此。

为了确保投资的安全性，我们可以借鉴大自然中那种对生命无害的、强调无毒生产的化学法则，其次级原则包括：

- 在水中进行化学反应
- 使用一小部分元素进行有选择的构建
- 分解为无害成分

乍一看，这些原则似乎很难应用于像投资这样的社会系统，毕竟，在本质上，化学成分是一种实在的、有形的东西，而资本却不是。但即使是在研究自然系统的时候，"化学"这个词也会让一些人迷惑：我们是在讨论仿生学，也就是生物学，对吧？那为什么我们现在要将所有的注意力都集中在化学和毒性问题上呢？

其实，在分子水平上，世界上发生的一切都可以称为化学反应，无论是在森林里还是在试管里。元素的聚集和组合产生了大量的功能，这些功能在自然界和工业产品中都很重要，比如颜色、结构和强度等特征。因此，当我们提到"无毒生产"的概念时，我们指的是自然界中的产物以一种对生命无害的方式组装起来。

将自然界的生产流程与人类工厂中的生产流程进行比较，我们会发现一些惊人的差异：自然界中没有溶剂，没有高度合成的试剂，也没有稀有元素制成的染料。同样重要的是，当自然有机体分解时，只会留下无害而简单的元素，如碳和氮。自然界中没有有毒废料。因此，我们需要借鉴自然界中的化学法则，以确保所采用的方法和工具不会对投资者、客户和整个社会造成负面影响。

比如，孔雀羽毛上那些令人惊叹的颜色是怎么来的？事实上，它们根本不是颜色，至少不是我们通常认为的颜色。孔雀羽毛中的色素实际上是棕色的，是羽毛的结构对光线的反射，使之呈现出明亮的蓝色和绿色。这些羽毛上排布着微小的晶体状结构，用以反射和过滤不同波长的光，而不需要合成化学成分或人工染料。对此，有些人可能会争辩说，人类的需求比自然系统更复杂（尽管我们自己也是自然的一部分）。例如，我们需要建造高楼大厦，没有钢铁怎么能做到？好吧，蜘蛛网比钢铁更坚固，其用到的蛋白质完全是在蜘蛛体内形成的，而不需要 2 000 度的熔炉。这并不是要否认钢铁对世界的价值，而是要说明，大自然只需用非常简单的元素子集，就能以优雅的方式生产出同样令人惊叹的产品。

无毒生产的次级原则为这个核心概念添加了更多的细节。如第一条次级原则所述，在水中进行化学反应就是无毒生产的“方式”。它反映了一个事实，即大自然在其生产流程中没有奢侈地使用合成试剂，也没有一个装满复杂合成材料的仓库供其处置。例如，微小的硅藻是地球上数量最繁多的生物之一，几乎在任何有光和水的地方都能发现它们的身影。据估计，这些简单生物的光合作用产物占地球氧气产量的 20% 以上。硅藻的一个独有特征是，它们的细胞壁含有大量的二氧化硅，这使它们的外形非常一致。由于利用特定的蛋白质就可以完成对这些细胞壁的组装，因此我们大致可以认为，硅藻在其身体内部用蛋白质即可制造“玻璃幕墙”，而不需要一个巨大的、耗用大量能源的熔炉。

如果说第一条次级原则与“如何生产”有关，那么第二条次级原则回答的就是“用什么生产”，即使用一小部分元素进行有选择的构建。当我们浏览元素周期表时，会发现它给了每个元素相等的空间和相等的权重。但在现实的自然世界中，元素的分布并不均匀。几乎每个刚开始学化学的学生都会记住“碳、氢、氧、氮”的简称（即 C、H、O、N），因为绝大多数自然有机体的主体就是由这四种元素组成的，比如人体。次一级的常量元素包括钙、氯、镁、钾、磷、钠和硫。除此之外，整张周期表上的其他元素就真的只能叫稀有元素了。

一旦产品被组装好，下一个合乎逻辑的问题就是“接下来会怎样”，答案是第三条次级原则，即分解为无害成分。这个概念是非常具体的，要求分解过程不会产生有害的副产品。然而，这并不是说，在整个流程中没有“毒素”存在。以眼镜蛇毒为例，这显然是一种有毒物质，但它仍然符合生命法则。毒液不需要合成试剂，仅由简单的元素构成，最后可分解成无害成分。而从生产阶段过渡到分解阶段时，它也很好地达到了预期目的，即成为一种剧毒（至少对于猎物来说是如此）。毒液以一种极其有效的方式，既确保了对蛇的保护功能，又在流程的最后阶段没有残留毒素。

我们将这些特定的科学观念运用于人类社会场景中，会发现两个重要的概念。第一，这种生产不只是简单而已，它还是优雅而巧妙的。当我望向窗外，眺望远处的树林，看到数十种乔木、灌木和动物在其中繁衍共生时，会感叹大自然是多么不可思议，这些种类如此繁多的生命，其基本构成成分表却是如此简单。这是第二条次级原则中的一个关键细节：自然并不是只有一小撮元素而已，各种元素还以简练优雅、精致巧妙的方式组合在一起。就像糕点大师，他们可以对面粉、黄油、鸡蛋、糖和酵母加以不同比例的调配做出摆满整个西饼店的糕点。这里放一点盐，那里放一撮香草，偶尔再放一点小豆蔻或肉桂，瞧，又诞生了一个新品！只用有限种类的原料，辅以巧妙的组合技术，就能生产出品种繁多的产品。如果我们将西饼店中这番充满生机的动人景象与杂货店走道里呆板货架上一堆标签不清的“面包”制品相比较，那么原先抽象的生命法则也会一下子变得无比直观。

然而我们经常秉持的一种误解是，简单、巧妙又无害的东西在某种程度上也是有限的。这涉及与无毒化学有关的第二个重要概念，即对生命无害的步骤并不会有所限制或稀少。说句公道话，我们很多人都穿过粗糙的天然纤维衬衫，或者吃过索然无味的全麦松饼，这些产品似乎和考究不怎么沾边。但这些缺点是设计和组装的问题，而不是天然成分本身的问题。我们可以从眼镜蛇毒液的剧毒、蜘蛛丝的强度、森林的多样性和硅藻的简练外形中看到，对生命无害的化学物质并不意味着“软弱无力”，也不意味着“平淡无奇”。它意味着，我们确实可以以一种有益于生命而非有害的方式，创造出千变万化的功能和多元化的世界。

我们已经习惯于认为，限制本身是不好的，它们是需要被超越的，每一个障碍都应该被打破。贾妮娜·本尤斯指出：“我们人类将限制视为一种普遍存在的挑战。”但是，在一个流程开始时出现的限制，诸如对输入元素的数量或类型的限制，或对围绕一个问题及其解决方案的条件的限制，却未必会限制其输出所体现的创造性。事实上，限制往往才是创新的动力。与其将精力放在创造新成分上，不如全神贯注于创造截然不同的、更出色的成果。近年来，这一概念在乐高公司得到了重视。该公司产品再度流行的一个原因，就是对新产品设计师可使用的组件菜单进行了缩减。结果，更小、更有限的菜单反而激发了设计师构思更出色产品的灵感。面对限制，要想找到一个不拘一格的出色答案，不要只考虑如何打破这些限制，最好的方法就是从这些限制中思考如何创造出更好的成果。

关注构成投资真正核心的直接交易和基础关系

不过，即便你喜欢蜘蛛和法式糕饼店，这一具体法则似乎也与投资领域无关。金融业的“化学反应”是由什么构成的？在金融领域，“水基化学反应”（water-based chemistry）或无毒组合分解是否有意义？

要解答这些富有挑战性的问题，我还是要从第二条次级原则“用什么生产”入手，也就是以优雅的方式使用简单组件的原则。回顾本章开头的故事中那个魔法般神奇的市场对冲证券，我看到的是一个明显偏离这一原则的产品。这种证券实际上就是一捆其他证券，它们都是与各种业绩情景相联系的市场期权。该证券中没有任何元素是原始的投资交易或关系。它就像一个金融版的“人造奶油夹心饼”，只是靠合成成分的层层叠加，而形成一个看似连贯的整体。

同事们都知道我喜欢偶尔吃点奶油夹心饼，但生命法则背后的核心问题始终是“为了什么目的”。美味的奶油夹心饼可能会带来愉悦感，可能会提供热量，但它不能提供真正的营养。所以，我询问了关于市场对冲证券的类似问题：它为了什么而存在？这种创造的目的是什么？它的功能是什么？

事实证明，这些问题给我们开了个好头。对冲证券的设计初衷是提供一种慰藉感，因为它会对市场业绩的一些潜在的下行风险提供缓冲。它也带来了一种掌控感，因为购买者可以感觉到代理机构正采取行动保护他的资金，甚至可能令资金有所增长。注意到了吗？这些句子中的关键词是“感”。奶油夹心饼提供了一种沉迷感，但它并不能提供真正的营养；这种证券提供了一种慰藉感和掌控感，但它并没有为投资者解决真正的潜在风险和不确定性。

沿着“用什么生产”这条具体的次级原则，我又可以联想到无毒生产的其他原则。我对“水基化学反应”这个想法特别纠结：在金融领域，水的同等物是什么？当我们透彻思考水作为一种化学反应基的好处时，会发现它有几个特点：第一，灵活多变，水时而是化学反应的关键催化剂，时而是其他元素的中性载体；第二，本身体量丰富，且无毒性，在大多数环境中，水存在于任何化学反应发生之前，也长存于任何反应发生之后。

考虑到这些特点，我认为金融领域中的“水”就是社区，也就是与世界的联系。当我们的投资始于社区，又结束于社区时，整个流程中就会产生一种持续的化学反应，形成一种将投资与社会活动联系起来的纽带。社区中的人们始终存在于我们的投资过程中，有时扮演着重要的催化剂角色，有时扮演中立角色。

相反，当我们的投资流程始于一堆合成证券时，唯一可能得到的就是一种越来越合成化的产物，与推动实体经济、滋养我们真实社区的投资初衷渐行渐远。这种投资流程的每个阶段都与人相疏离，它的产出也是如此。问题在于，尽管这些合成产物抽离了人的作用，但我们仍然会受到其结果的影响，这些结果会以一种强有力的方式反噬现实世界和世上所有人。

当我们想要重新聚焦于“水基化学反应”时，就需要重新关注金融的非合成部分，即构成投资真正核心的直接交易和基础关系。是什么提供了支持性、无毒性的环境，从而让这些基础的联系发生？那就是由人构成的社区、人与人之间的联系，以及他们的各种需求、贡献和付出的努力。这些，就是承载我们投资的“水”。

那些合成物，比如金融界的“维滋奶酪酱”和“奶油夹心饼”，并不是天生无用的工具。但问题是，我们误以为它们是如假包换的真东西，是真正的营养，是我们最深层需求的解决方案。而真正必不可少的，其实是与真实世界的直接联系，是形成投资核心的基本交易，它们才是金融业的“天然健康食品”。在我们的投资“大餐”里，“人造奶油夹心饼”充其量就是盘边的点缀，而不应是“主菜”。越是接近那种原初的、未合成的投资形式，我们就越自发地与生命法则保持一致。

抵押贷款与无毒生产法则的契合度

“多亏了”2008 年的金融危机，抵押担保债券、债务抵押债券（又称“担保债务权证”）和双层担保债务凭证等术语如今已经家喻户晓。每个人似乎都明白，这些人为创造物中有不少“有毒物质”。但这种思路的问题在于，它其实和当初使我们陷入险境的思路如出一辙，都过分简单化了。金融创新通常也不是“非好即坏”，但它们都有共同的具体特征，那就是很可能在解决一个特定问题的时候又引发了另一个问题。我们从大自然“无毒法则”的视角来审视抵押贷款证券，可以更深入地理解这种细节。

20 世纪 90 年代初，第一次被指派为住房分析师时，我对抵押贷款的了解主要源自电影《生活多美好》(*It's a Wonderful Life*)对男主角乔治·贝利(George Bailey)的描述。故事发生在贝德福德镇，当乔治经营的贝利建筑贷款公司遭遇挤兑时，他对那些储户解释说，自己并没有把所有镇民的存款放在一个保险箱里，而是将这些钱借给了镇民们的朋友和邻居，作为他们购买房屋的抵押贷款。看起来，这并不是一种太糟糕的模式：在其最基本的形式中，抵押贷款是一种简单、直接的交易，与具体的人和具体的社区相联系。

在快进到21世纪初那场抵押贷款所导致的金融灾难之前，我们不妨先设想一下针对独户住房的普通早期抵押贷款的情形。在这种交易中，有一幢房子、一个买家和一个贷款人，构成元素简单，交易方直接相连，交易机制简单直接、容易展开。这种交易可以带来巨大的好处：在抵押贷款市场发展壮大之前，你必须年复一年地存上好多年的钱，或是出生在一个财运亨通的大富之家，才能买得起房子。

传统抵押贷款的分解相当简单。将传统的抵押贷款拆分开，剩下的就是那些基本的组成部分：房子、贷款人和借款人。人们可以以不同的组合方式对它们进行重新配置。重要的是，不管这一分解是出于皆大欢喜的原因(如贷款被偿还），还是出于令人不那么愉快的原因（如借款人无法偿还贷款），这些成分都是无害的。

让我们看看这种简单的抵押贷款是否符合无毒生产法则：

- 这种“化学反应”在“水中”进行吗？这些构成部分在社区中都是相互连接的吗？根据定义，直接交易是与特定的人和地点联系在一起的，所以答案是肯定的。
- 产品是否使用一小部分构成元素进行有选择的构建？是的，简单直接的老式贷款只需要贷款人、借款人和资产。
- 产品是否可分解为无害成分？在其使用寿命结束时，贷款组成部分可以很容易地被拆分开并用于其他用途。所以，是的，分解过程是无害的。

因此，结构单一的简单抵押贷款与无毒生产法则相当一致，它们应该能获得一个 A- 或 B+ 的好分数。

现在，让我们来看看抵押贷款融资的一个更现代的版本，如抵押担保债券，或者将它应用于更广泛的金融类别，如债务抵押债券。其中，有不少工具的作用机制非常复杂，但就其核心主旨而言，债务抵押债券所做的一切就是将贷款捆绑在一起，以便重新拆分、打包并转售。在某些情况下，这种配置可能非常有用。比如，你对某个地区的经济前景感到担忧，但也知道其相邻县因为某家大公司的投入而正在蓬勃发展；或者你已经发放了很多高风险贷款，所以想用一些低风险贷款来加以平衡。抵押担保债券允许将地域、贷款人和贷款类型等因素以某种方式混合起来，使投资者能够挑选他们的风险敞口。这种配置也可能使贷款人受益，因为其允许贷款人将自身风险与其他风险相混合，这通常会降低他们的借贷成本。

虽然抵押担保债券比单一抵押贷款更复杂，但它肯定也能实现一些有用的意图。那么这整个资产类别是如何与“毒性”联系起来的呢？我们简要回顾一下 2008 年金融危机爆发前几年这一市场的发展史：

- 初级业务规模快速增长。比如，美国那些普通的早期住房抵押贷款的合计价值从 1986 年初的 1.5 万亿美元增长到 2007 年底的 11.1 万亿美元，涨幅高达 7 倍有余。

- 与此同时，那些基础贷款，即初级业务的性质也在发生变化。到 2006 年，超过 23% 的抵押贷款是次级抵押贷款，而在 2005 年之前的泡沫时期，这一比例不到 10%。
- 在同一时期，贷款证券化的总水平有所提高。抵押贷款证券化的涨幅甚至超过了基础抵押贷款业务，从 4 100 亿美元增长到 6.4 万亿美元，增长超过 15 倍（涨幅大约是同期基础抵押贷款业务的 2 倍）。需要注意的是，这是合计、累积的证券化水平，不是新发行的，也不是名义价值水平。
- 在此期间，抵押贷款证券化也出现了新的、规模更大的形式。在高峰时期，新的资产支持证券、抵押支持证券和债务抵押债券等工具的发行量仅在一个季度（2007 年第二季度）就达到近 6 000 亿美元。
- 合成债务抵押债券导致了另一种业务活动的不断扩展和日益抽象化。这些证券本质上是对其他抵押贷款证券业绩的押注，因为它们的价

> 值由信用违约互换的支付流决定，而不是由有形资产相关贷款的支付流决定。它们是抽象化的金融衍生品，名义上虽仍与实际的房屋、人或初级抵押贷款相关，但实际上早已与之相去甚远。

在很短的时间内，几个层次的变化开始互相堆叠：第一，基础抵押贷款业务的数量增加，质量下降；第二，基础业务证券化的过程在数量规模上有所扩大，复杂性也有所提升；第三，新的合成产品是在这些“加工”证券的基础上产生的。这三层都出现了问题，而且每一层都愈加违背无毒生产法则。

普通早期抵押贷款非常符合无毒的概念，但如今，我们要对金融创造的最后一层产物——合成债务抵押债券加以审视，来看看它与无毒生产法则的契合度：

- 这种“化学反应”在“水中”进行吗？这些构成部分在社区中都是相互连接的吗？债务抵押债券的全部意义就在于，将特定借款人、资产和地点的组成部分彼此分离，以期降低风险。

对于合成债务抵押债券来说，这种分离更是变本加厉。所以，答案是否定的。

- 产品是否使用一小部分构成元素进行有选择的构建？债务抵押债券将个人贷款的所有基本元素加在一起，然后以一种纯粹人为的方式进行重排。合成证券在这方面更进一步，凭空创造了一种人工方式来押注已经打包好的证券。所以，答案依旧是否定的。
- 产品是否可分解为无害成分？因为债务抵押债券重组了所有的组成部分，而合成债务抵押债券又进一步使其抽象化，所以这些证券很难拆解。债务抵押债券的所有者实际上拥有的是大量贷款中的一小部分，而合成债务抵押债券的所有者只拥有信用保护付款的部分，因而这些证券中任何一种的分解流程都体现出内在的困难性和不完整性。

合成证券最初是作为我们基本投资活动的专业补充，用于部分罕见情况和达到特殊目的。在这种非常特殊的情况下，它们的形式可能与功能相匹配，但合成过程并不能完全做到对生命无害。我们将这类证券置于投资板块的中心，使得自己的大部分金融活动偏离了生命法则，在毫无必要的情况下使抵押贷款变得“有毒”，从而不再有利于生命。

这一分析并不意味着债务抵押债券或其他证券化产品在世界上毫无存在的意义，但它确实表明，此类产品应有限度。一旦超过限度，风险就会被放大，而不是减少。打个比方，在以羽衣甘蓝和藜麦为主的饮食中搭配一小块奶油夹心饼可能很不错，但如果一顿饭只吃奶油夹心饼，那就是灾难了。同样，存在此类“加工”证券并不是问题，但它们的泛滥成灾和毫无必要的野蛮生长所带来的投资创伤，远非前文提过的影片中的贝利建筑贷款公司这样的机构所能比拟。无论贝德福德镇发生了多少次贷款违约，其危害性都不及“加工”证券。

与抵押贷款融资的例子相反，有大量证据表明，合成化程度较低的投资和创意形式正在蓬勃发展。例如，天使投资团体就如何为“正常成长”公司提供资金展开了积极讨论。所谓“正常成长”公司，指的是那些商业前景稳固，但融资需求不大，且没有必要以复杂方式出售（和购买）股权的公司。对于所有相关方来说，对一家小型初创公司进行股权投资通常是一个痛苦的过程，因为需要做大量法律文书工作并支付大额费用，有时投资方和被投资方之间进行的谈判还会引发争议。要以这种方式开启一段建设性业务关系是很困难的。对于那些适合普通贷款而不是股权的公司，基本协议通常可以用一张纸搞定，谈判的主要条款只涉及一组简单的参数，即时间和价格。

形式更简单的消费者银行业务似乎也在复苏。近年来，“绿色美国”（Green America）[①] 最受欢迎的项目之一是“与你的大银行分手”（Break Up with Your Mega-Bank）指南。它帮助个人寻找比大型金融机构更能满足他们需求的当地银行和信贷联盟。在美国，信贷联盟 [②] 的资产在 2012 年突破了 1 万亿美元的大关，该行业据报道收益创了纪录。在经历了 20 世纪 90 年代和 21 世纪头 10 年的几次银行合并浪潮后，我发现自己的账户已经从一家小型的地方银行转移到了一家大型的全国性银行，而我自己从来没有做出过这样的决定。我所期望和需要的是一家较小机构的服务，因此我又将账户

① 一个非营利性的会员组织，总部设在美国，其宗旨是利用消费者和企业的经济力量来促进社会正义和环境的可持续性。——译者注

② 美国的一种共有型金融机构，由成员共同拥有并管理，主要功能是为成员提供低息贷款或更高的存款利息。——译者注

转入一家与客户关系更直接、更个人化，同时也更符合无毒生产法则的机构。

像 Kickstarter[①] 和 Kiva 这样的平台，同样允许投资者、支持者、发明家和小企业主直接联系。而众筹形式不同的平台，如 Mosaic Energy，也提供了类似的可能性，但目前仍有许多复杂的监管问题有待解决。在这些情况下，平台通过各种支持形式，将投资的决定权交还给了实际的投资者。比如，有的以赠送的形式，有的以贷款的形式，还有的以购买产品的形式表达支持。这种简单的支持形式，意味着投资者和自己的投资之间不需要层层转包。

如何实现无毒生产型投资

如何避免奶油夹心饼型投资组合？就像其他生命法则一样，本条法则也指出了清晰的前进路径，即不要仅仅过问投

① 美国一家众筹网站平台，总部在纽约，为具有创意者提供众筹服务。——编者注

资的机制如何运行或其设计如何巧妙，而要以了解其“目的是什么”为开端。如果这个投资提议仅仅是卖弄聪明，那就不必理睬；如果它确实致力于满足一种至关重要的需求，那么我们就需要了解它如何做到这一点。我们需要追溯出投资建议与真实的产品、真实的人、真实的社区之间的联系，并识别那些以巧妙方式组合在一起的简单元素吗？我们需要展望未来，设想一个无害的、直截了当的分解流程或销售流程。

我们一旦理解了投资的这些基本原则，就可以将它们扩展到投资的其他层面。如果某只基金的结构符合对生命无害的法则，那么它的所有子成分如何呢？它的基金经理如何呢？它的销售流程或支持运营的基础设施又如何呢？这些都是需要我们逐层审视的问题。当我们进行逐层审视时，就能和这些法则达成更深入、更全面的一致。

我并不想一直反复念叨维滋奶酪酱，但这个类比确实很贴切。一旦意识到饮食中可能需要更多的“真奶酪”而不是“假奶酪”（或者更好的做法是，少吃奶酪而多吃胡萝卜），我们自然就会开始问，那面包的情况如何呢？制作三明治的人怎样？三明治摊贩周边的社区和城市又如何呢？

我们生活在一个重视技术、创新和创造力的社会。重要的是，“对生命无害的化学”这一概念并不需要与这些价值观相冲突。相反，它会对这些价值观进行重新定向，以寻求更简单明了、更有效的解决方案。

在投资的情境下，这意味着如果我们在解决某个问题时正诉诸合成的解决方案，就需要一个“有机的”、更简单但同样有效的解决方案作为替代。或者更理想的情况是，我们重新审视这个问题，看看是否可以用另一种方式来解决它。也许我们需要的是一种体现优雅的、个体化的、小作坊定制的方式，而不是一种仅为了制造方便和无限可扩展性而设计的产品。当然，这可能比“现成的”解决方案更难、效率更低。但你是否经历过2008年和2009年的情形呢？使用符合生命法则的解决方案，真的会比那时更难吗？这种高效率的代价又是什么呢？

如果需要收益，那么我们可能会找到一些达到这一目的的简单的股票或债券，而不是复杂的债务抵押债券类产品。或者，我们可能会找到一家需要贷款的本地企业，了解这家企业的风险，并希望支持它的职责。又或者，我们可能会问：我为什么需要这么高的收益率？是因为这让我在生活中发现自己真正重视的东西，还是因为我经常被告知需要收益而忘了问为什么？

与其问：“你能给我做一个紫色的奶油夹心饼吗？”不如问：“你能给我做一个奶油馅的、外形独特的，并且不使用化学添加剂的蛋糕吗？”甚至可以问：“你能给我做一份好吃到让我不再惦记蛋糕的沙拉吗？”这才是一项有价值的挑战！

这里有一些让我们可以遵循“对生命无害”的路径开展投资的简单创意：

- 对合成投资的核心目的加以考量。它是否具备了我们真正需要的功能？它能用好这项功能吗？
- 简化。如果我们被怂恿购买号称能管理标准普尔风险的证券，或许，这意味着我们一开始就真的希望减少股票风险敞口。但通常有比购买高度加工的投资产品更简单的方法来实现既定目标。
- 投资的目标简洁明了，而非不必要的复杂。选择一些简单、合适、容易拆解的投资产品，而不是奶油夹心饼型投资组合。

通过选择简单、“有机”的投资产品，我们可以避免一些过度加工的产品所固有的“毒性”风险，可以去除不必要的人工合成物，以一种更为注重连接与整合的方式进行投资。这种方式可以让我们的投资目标从层层加工的烦冗复杂，过渡到不失优雅的简单朴素。我们的投资产品也可以从“合成”转向“有机”，这样更符合生命的法则，也更加安全和可持续。

THE NATURE OF INVESTING

解码仿生投资

- **自然的法则：**

  无毒生产法则

- **转换成投资语言：**

  关注构成投资真正核心的直接交易和基础关系

- **投资自测维度：**

  其构成部分在社区中都是相互连接的吗？

  产品是否使用一小部分构成元素进行有选择的构建？

  产品是否可以分解为无害成分？

- **进化中的投资范例：**

  天使投资和“绿色美国”

- **投资箴言：**

  注重连接与整合，避免奶油夹心饼型投资组合

The NATURE of Investing

第6章

从寻求增长转向关注发展

Resilient Investment Strategies Through Biomimicry

最优化增长：蜂巢

野外的蜂巢是增长与发展相结合的一个绝佳例子：蜜蜂不是突然就完全建好蜂巢的所有基础结构的，而是一点一点逐步扩大，只要当前规模恰好满足蜂群自身繁衍所需即可。

第 6 章
从寻求增长转向关注发展

“股份数是什么情况？”同事抬头瞥了我一眼，看着我新创建的试算表，扬起的眉毛透着怀疑。

“嗯……”我对着表格皱起了眉头，希望它能提供一些见解。可惜，表格只报以沉默。

“好吧，”他叹了口气，说，“这家公司在成长，对吧？”

“对！”

“这里说他们明年要再开 50 家店，对吧？”

“对！”

“每开一家店要花 200 万美元，对吧？”

“对！”

“那他们怎么付这笔钱呢？”

“呃……”

“没错。他们需要更多的资金。所以先确定股份数，然后我们再谈。”

这是我和一位同事之间的交流。我当时是一名新人股票分析师，正在研究自己的第一家零售公司，而我的同事则管理着一只大型成长型共同基金（当然，我对细节稍做了修改，以使对话比实际发生的交流稍显礼貌一点）。幸运的是，这类对话让我早早明白，实现增长需要某种形式的额外资源（在这个例子中，就是发行更多股票，使公司有更多现金可以支付开设新店的费用）。如果我们考察一株幼苗或一个婴儿的成长，那么上述想法完全不言自明，因为二者显然不能在没有营养的情况下成长。但当涉及商业和金融时，我们却自诩可以凭空实现增长，即除了自己的想象力，不需要任何资源。

增长不仅仅是一个愿望和祈祷，也不仅仅是一个自我实现的目标。要取得成效，增长必须与成长发展相结合。

最优化增长法则

在许多人类活动中，取得增长是一个根深蒂固的假设。为了平衡这种过分简单化的心态，我们需要给出一条自然的法则，即最优化增长。这一法则的核心就是增长与发展应相辅相成，而不是彼此分离。以向日葵为例，它的茎在几周内就能长出 1 米来长。虽然我们看不见土壤下的向日葵根系，但根系是它不可或缺的部分。这些根系以同样惊人的速度向下生长，穿过土壤，以固定茎干。然而，我们仍然可以看到这样的情景：在每年的收获季节，向日葵都会因无法承载顶部那个装满种子的花盘重量而倾倒。谁想成为这样的向日葵呢？只有让“发展与增长”实现真正的“协同”，才能防止井喷式增长最后以崩溃告终。

最优化增长法则有以下几条次级原则：

- 以模块化嵌套组件进行结合
- 自下而上地构建
- 自组织

这些发展与增长的次级原则为“如何增长”这个问题提供了重要的答案。我们很容易设想一个以高度工程化的方式整合发展与增长的计划，但第一条次级原则强调以模块化嵌套组件进行结合。这一理念注重的不仅仅是要增长，更要以一种可重现的方式增长，并且在增长过程中要彼此相合，就像有机体的生长一样。以章鱼为例，它既没有一只巨大的独臂，也没有八只设计截然不同的触手（尽管这设计可能会使它成为一个很酷的卡通形象）。章鱼的吸盘由小到大，规则地排列在它的每条腕足上，让它以一种既高效又有效的方式实现生长。事实上，章鱼的每个吸盘中也包含“模块化的组件”：有三种肌肉协同工作，使吸盘发挥功用。这就是我们所说的“模块化嵌套组件”的含义。

当事物以这种模块化的方式实现增长时，就更容易实现自下而上构建一个系统的设想。比如，一个红树林岛可以成长为一个健全的体系，但不是通过花里胡哨的规划蓝图或自上而下的顶层设计实现的。先有一颗红树种子发芽，它的根系减缓周围的水流，这有助于更多的沙子和种子沉淀下来。然后，各种生物在红树根部生活，并添加有机物，使沙子逐渐变成土壤。这个系统是自下而上建立起来的，其增长是内生的。虽然系统从外部获取能量，但实际的创造却是自下而上，从内部进行的。当然，蓝图和设计是有价值的，允许自组织生长的系统也是有价值的，没必要做非此即彼的选择。

蚁群是自组织系统的经典例子。它的整体功能通过个体成员的行为得到优化。例如，一些蚂蚁个体对饥饿更敏感，它们是第一批离开巢穴去寻找食物的。而如果蚁群内对食物的需求变得更为广泛，其他采集者很快就会跟随先行者的脚步，离巢寻找食物。系统内部的交流也得到了优化，侦察蚁会给充足的食物来源留下积极的线索，而当它们的搜索徒劳无功时，则会留下消极的线索。蚁群没有总司令，也没有位于地下掩体里的参谋部制订战略计划，但所有蚂蚁个体的活动，加上适当的反馈回路，使整个系统得到优化。

从表面上看，这一法则似乎很容易使用。当然，增长需要与发展相辅相成，要将重点放在支撑结构上，从而变得坚实而持久。但如果深入研究这些次级原则，我们会发现一些更有趣的观点。

第一，这些原则鼓励我们转变思维方式，从线性增长或非增长的思维模式转向全局思维模式。这些原则要求我们做投资决策时不要在发展和增长之间二选其一，而要双管齐下。投资者的第一个问题不应该是“这项投资的增长速度有多快”，而应该是“为什么它在增长”和“它是如何实现增长的”。事实上，在许多情况下，最值得探究的主题是，当条件允许时，某种投资行为是否可以以一种优雅的、非破坏性的方式实现收缩，并将资源回馈到环境之中。

第二，这些原则要求我们由自上而下的控制变为自下而上的活动。乍一看，这个观点似乎与我们在许多传统（且成功的）组织中所采用的管理方法背道而驰。在这些组织中，复杂的企业规划活动和精密的监控系统似乎普遍存在。但是对这一概念的进一步审视表明，其观点在于“创造条件，使系统的组成部分以其各自的发展壮大成就一个更充实的系统”，并使系统整体作用大于各部分之和。

我承认，我对这个观点的第一反应是尽己所能找出公司不应效仿蚁群的所有理由，并给予无条件赞同。难道我们和蚂蚁一样吗？难道人类不是与众不同的生物吗？人类不应比蚁群更复杂吗？但经过进一步思考，我意识到，我所接触过的最优秀的团队实际上都接受了自组织的概念，尽管他们很少如此自我标榜。

例如，多年来，我一直领导着世界上最大的投资研究小组之一。至少可以说，我所做的是一项错综复杂的工作。值得庆幸的是，扮演这个角色，我并不需要跑到每位分析师身边，告诉他当天该做什么。如果我这样做了，那结果对于所有人来说都将是灾难性的。相反，作为团队的领导，我会试图设立明确的目标，也就是规定“要做什么”，更重要的是在责任、协作和诚信方面为“如何做”设定明确的指导方针。而我们团队的每个成员都要自行考虑，自己的工作如何为团队整体做出最大贡献。在我职业生涯的早期，曾经有一个竞争对手称我们的研究团队为“博格人”[①]，因为我们似乎有一种强大的集体意识。我不认为他是在恭维我们，但我觉得这

① 科幻电影《星际迷航》（*Star Trek*）中虚构的一个严格奉行集体意识的种族。——译者注

个称号挺酷（发动星际战争什么的就免了）。这其实就和蜂巢、菌网或者白蚁群没有太大区别。

为了使这种自下而上的组织有效运行，这些原则还强调了以简单规则“实现对系统各个部分管理”并“指导整体的发展和增长”的概念。不幸的是，在金融领域，这一关键因素似乎与愈加错综复杂的监管、税收和重要性逐年上升的市场复杂性相矛盾。每当想到简单规则，我就不禁想起自己曾作为一家大型金融公司的雇员签署的一份合规协议。它只有几页，内容基本上就是“我承诺不会做任何违背我们股东利益之事”。而 20 多年后的今天，金融公司的合规协议看起来就像一本厚厚的电话簿，里面是一页又一页晦涩复杂的“如果……怎么办”的设想。协议的背后是占据几个楼面的律师团队，他们试图通过没完没了的数据报告来监控每个人的活动。出现这种复杂局面，也许自有其合理原因，但最终的结果往往是让参与者感到享有的权利和承担的责任更少，而不是更多。过去，那几页薄薄的文件所传达的信息基本就是“我们信任你，签了这个，我们就正式结盟了”。而如今那些连篇累牍的文件却似乎在说：“我们不信任你，你永远无法真正理解这里的一切，签了这个，这样我们以后就可以惩罚你。”

当脑海中有了将发展与增长相结合的诸般想法后，我们所发现的诀窍就不会是那些大型组织中普遍可见的“命令—控制”模式，所遵循的流程也不会是部分超大构造物中运用的那种巨细无遗的预设蓝图。然而，遵循这一套生命法则，并不意味着我们的建设就应该没有计划或指导。相反，这些原则强调了计划、领导和管理的真正作用：真正出色的计划和领导，其实就是制定那些支配系统的简单规则的过程。我们可以认为，无论是对一个组织，还是对一个投资组合，最佳的管理就是设置适当的反馈回路。这些回路可以吸收新信息并评估对新的或不同资源的需求，从而确保发展与增长都得到支持。

以可持续的方式实现多维增长

在讨论具体的金融范例之前，重要的是先停下来考虑与投资相关的增长的基本概念。支撑我们几乎所有产品、流程和程序的假设就是，增长不仅是好的，而且是必需的，是我们的核心目标。如果增长是好的，那么增长当然越多越好，而更快更大的增长肯定是最好的。

有时，这种对增长的渴望转化为对“可扩展性”等经营理念的狂热追捧。但大自然并不会追求规模扩张，至少不会追求无限度扩张。自然会循环往复，会发展壮大，但这一过程绝非无限度的。投资界的无限增长被视为极乐天堂，但毫不夸张地说，不受抑制的增长在自然界是一种疾病，也就是癌症。

自然增长与金融增长之间的这种错位，值得我们严肃反思。而这一法则同样围绕着情境和联系的核心概念展开。正如我们已经发现的，金融活动与现实脱节的现象越来越普遍，然而，归根结底，增长仍然存在实体上的限制。在地球的整体层面上，这些限制正日益明显。但我们如果以一个更简单的自然例子，比如南瓜，来对这一点展开思考，就会更容易理解一些。如果你的目的是做南瓜派，那么你就应该选择个头较小的品种，因为这种南瓜会比较甜，个头太大的南瓜只会让做出来的南瓜派变得又水又稀；如果你的目的是在缅因州达马里斯科塔小镇（Damariscotta）的南瓜船比赛中获胜，那么你就得选择个头较大且相对较轻的南瓜。然而，当涉及投资时，我们通常仅着眼于金融风险收益的权衡，而忽略了关于增长、尺度和成功的其他重要维度，并对由此造成的脱节视若无睹。

事实上，投资政策声明中如果不包含“增长”一词，那几乎不可想象。即使在慈善组织中，长久以来也很少看到收缩其资产的计划，尽管一个慈善基金会存在的总前提是要把钱捐出去。许多人投资的一个原因是增加自身的资源，这很正常，但不妨停下来，反思一下仿生学及生命的核心问题：“它为什么而存在？目的是什么？”与此相关的是我们通常会跳过的一个问题“什么的增长”。我们往往不假思索地以美元或百分比来给出增长目标，但其实还有许多其他维度可以考虑。比如，可以以社区的增长、支持性基础设施的增长、有形资产价值的增长或是个人成就感的增长来作为目标。起码，我们可以期待长期经济价值的增长，而不是公布每股收益的增长。

在思考“什么的增长”的问题之后，我们也需要考虑“为什么要增长”。我们为什么想要实现增长，为什么不管增长对象是金钱、苹果树还是乐趣，我们都乐此不疲？是为了刺激消费？是为了给不确定时期寻求安全感？是为了供养后代？或者，仅仅是为了“赢”？在特定情况下，这些都可能是合理的理由，但它们指向不同的路径，引导我们走向不同的目标。也许最重要的是，它们还为我们指出了各自路径上可能需要的不同类型的发展。

最后，我们不仅要问增长了“多少”，还要问“如何增长”。几乎每一种商业行为都会存在一种以低效、浪费的方式提供最大化短期增长的可能性。但每个优秀的商人都会意识到，这种涸泽而渔的做法只会损害自己的企业；一个更值得探讨的问题是，增长能否以一种可持续且可再生的方式实现？这或许也是世界经济面临的最大问题：我们能否以一种使用更少而非更多实物资源的方式，让所有人的健康生活水平得到提升？

一种机械刻板的、万金油式的实现增长最大化的方法，可能是高效的，但肯定不是真正有效的。我们需要的是增长与发展的有机结合，即最优化，而不是最大化；我们需要的是多维度的增长，而不仅仅是“更大”幅度的增长。

高频交易与最优化增长法则的契合度

高频交易（high-frequency trading）为最优化增长法则提供了一个有趣的研究案例。这一金融领域及其首字母缩略词“HFT”，正开始被人们评价为与债务抵押债券一样预示着灾祸和不祥。这类公司的活动因为疑似造成了数起“闪电崩盘”事件，并加剧了整体市场的波动而备受指责。鉴于这些事件的影响，简单地宣称高频交易“不好”可能会起到息事宁人的作用，但这并不是一种理性严谨的表述。我们所有人都应该认识到，某种程度上的做市，无论交易对象是股票、土豆，还是时间，都是一个健康、持续的经济生态系统的一部分。从“将增长与发展相结合”的视角审视高频交易，可以获得对其更为细致的理解。

我们首先要明确的一点是：高频交易与做市不一样，与“市场交易”更不是一码事。高频交易公司的核心业务与其他市场参与者的并无不同，它通过电子交易平台撮合证券的买卖订单。顾名思义，高频交易的交易速度极快，通常在毫秒甚至微秒级别内完成交易（一微秒是百万分之一秒，眨眼需要几百毫秒，即 30 万微秒）。除了为他人充当交易员，许多高频交易公司也为自己进行交易，并且出于其自身目的而使用量化交易算法。

我把这叫作“动感单车式”交易方法。如果想在动感单车课上获得真正有效的锻炼，那么当神气活现的教练在前面喊“再快点”时，我们就得照做，飞快地踩踏板，直到双腿因为转动太快而出现残影。同样，当市场似乎需要更多流动性时，参与者们自然会高喊“再快点”，而高频交易公司对此言听计从，它们不断加大交易量并加快交易速度，直到交易变成一个模糊的残影。其速度之快是人类眼睛无法捕捉到的，至于人类的大脑和判断就更加跟不上了。

但动感单车课是会告一段落的。我们并不会永远保持高速运动，一旦运动结束，速度终归会慢下来。这再次体现一个结合了发展与增长的完整周期。然而，在市场上，这样的“动感单车课”却永不停息。由于被编撰成文的是在极端压力时期方才有意义的策略和做法，因此一场永不停息的交易量峰值测试成为常态。这种对速度和增长的持续关注可能是一个聪明的机巧把戏，但并不是一个健康生态系统的特征。

就增长而言，高频交易在 2005 年前后创下的增长纪录，几乎没有哪个金融行业能企及。在 2005 年，这一活动的市场容量占比约为 21%，到了 2009 年，这一比例已高达 61%。整体市场容量也在此期间显著增长，美股日交易量从约 40 亿股飙升至接近 100 亿股，但如果你仔细审视这些数字，就会发现大部分的增长（大约 90%）都归功于高频交易。如果我们把市场想象成一棵大树，把所有不同的交易公司想象成树枝，那么在这段时间内，高频交易这根“树枝”的生长速度之快，已经与市场这棵“树”的其余部分不成比例。我们在自然界中都见过这种怪异而又不平衡的局部生长陡增现象，也很容易料想到最后的结局：要么树的其他部分加快发育以赶上这根遥遥领先的树枝，要么这根树枝最终折断落地，甚至整棵树都有可能因此被摧折。

让我们将高频交易的基本活动跟最优化增长法则对比一下：

- 高频交易的组成部分中是否结合了模块化嵌套组件？每笔交易都是一个单独行为，交易算法的每个部分也是彼此分离的。当这些部分嵌套在一起时，便揭示出整个公司的运营和算法途径。因此，有一些证据表明，高频交易使用了模块化嵌套组件。
- 高频交易是自下而上构建的吗？这些公司不会一开始就考察整个市场，然后再把它们将要参与的部分从中分割出来。每一笔交易、每一种证券、每一次互换都代表单独的机遇，这些机遇汇集起来，便形成整体的活动。因此，有一些证据表明，其构建是自下而上的。

- 高频交易是否体现了自组织原则？交易算法背后的概念是创建简单的规则来指导交易活动（当然，这些简单的规则藏在巧妙但可能颇为复杂的代码之中）。大多数高频交易背后的商业理念是，一次又一次地收集微小的利润，以获得良好的经营成果。至少在理论上，这个理念与生命的自组织原则相去不远。

所有这些问题的答案都是“某种程度上的肯定”。高频交易本身并不完美契合增长与发展的自然法则，但也没有明显偏离。它的契合度可能是 C 或是 C+ 的水平。

但现在，让我们以一种更系统的视角来考量高频交易，一同纳入考量的还有一个不那么无害的背景：2010 年的美股“闪电崩盘”（flash crash）事件。2010 年 5 月 6 日，道琼斯平均指数在下午 3 点左右暴跌超过 9%，不过在收盘时收复了大部分失地。自那以后，市场还发生过几起规模较小的类似事件，但 2010 年的例子最为生动，同时也是迄今为止被研究得最多的。

截至 2010 年，高频交易已占市场交易量的一半以上，因此，当我们分析“闪电崩盘”事件时，这些公司的活动自然是分析的关键部分。描绘“闪电崩盘”期间的交易影像尤其可怕，其显示了主要交易公司之间的订单路由，每个公司在一个大圆圈的边缘上占有一个节点。起初，这种流动看起来就像一群蜜蜂在蜜源和蜂箱之间飞行，或者是操场上的传球，都是小点有规律地在每个主要节点之间来回快速运动。然后，这种流动突然停止了。每隔一段时间，其中一个节点就会向整个空间发出信号，但遭遇沉默，毫无回应。当看到这些交易流的影像时，我仍然感到难以置信。在许多市场危机中，尽管交易额会急剧下降，但交易量仍然非常活跃。而观看这些影像描述中交易活动完全停止的情景，就像观看一个活的有机体突然死亡一般。

对“闪电崩盘”事件起因的解释是冗长而累赘的，而且仍然存在一些争议，但我们可以考虑以下事实：

- 美国证券交易监督委员会（以下简称“美国证监会”）对“闪电崩盘”事件的官方解释，聚焦于一个价值略高于 40 亿美元的期货合约的单一卖单。这一卖单不仅使相关合约承压，也使与这些合约相关的股票承压，由此产生的市场波动造成涟漪效应，导致一些交易员退场，而其他自动程序则继续不受约束。

- 根据纽约证券交易所（以下简称“纽交所”）的说法，问题部分源于错配。纽交所的系统会在市场急剧波动时自动放慢交易速度，而一些高频交易公司的系统（如果它们有系统的话）则是在市场波动性加大时加快交易速度。
- 作为 2010 年“闪电崩盘”事件调查过程的一部分，美国商品期货交易委员会创建了一个由定量交易员和其他技术专家组成的技术咨询委员会。在美国，美国商品期货交易委员会对大宗商品交易领域的作用可等同于美国证监会之于股市。这样的咨询委员会已经缺位了 5 年，在这 5 年里，高频交易的数量占比一路从 20% 增长到 60%。
- 对美国证监会调查的一项批评是，它用于分析的时间增量太长（该报告按秒计算了当天的交易活动）。另一种分析观点则支持仅 25 毫秒的分析时间尺度。有充足的时间来计算和考虑

> 交易时，即使只是追溯过去，我们的分析也很难跟上交易的节奏。

我们在此探讨的目的不是要解密或激辩“闪电崩盘”事件的确切起因，而是要指出此事件中突显的一些明显的系统性错配，即增长与发展明显脱节之处。尽管将高频交易作为系统中单一组成部分所进行的评估显示，这个单一部分与生命法则有可能相契合，但如果我们将更广泛的交易形式也一并纳入考量，就会清楚地看到，作为整体系统，其包含了与生命法则严重不一致的元素。高频交易的增长显然缺乏支撑，也就是缺乏系统所有组成部分均衡发展所带来的支撑，而这恰是健康的系统功能所必需的。在高频交易增长的同时，交易市场的其他领域却没有出现相应增长。该系统其余部分所对应的监管或技术专长没有得到相应发展，因而高频交易的崛起无法以恰当的方式整合到系统之中。比如，纽交所之类相关系统的发展止步不前，所以其功能无法与高频交易公司的功能相匹配（或互补）。

如果我们再将高频交易系统的这一“过度增长版本”同最优化增长法则进行比较，就会发现，与上一次相比，其所体现的一致性大大降低。我们来具体看一下：

- 高频交易的组成部分中是否结合了模块化嵌套组件？每个组织、每个流程，甚至每笔交易，都可能显示出与这一法则的部分一致，其中每一部分也都显示出一些不那么一致的方面。在这种情况下，当系统的所有部分被组合起来时，错配带来的应力导致各部分之间的裂隙被扩大，整个系统的一致性反而不如各个组成部分。
- 高频交易是自下而上构建的吗？系统中个体组织所内嵌的结构、系统、流程或规则无法快速进步，以匹配高频交易的增长。
- 高频交易是否体现了自组织原则？系统中的反馈回路太弱，通常不会超出系统中任何单个参与者的所辖范围。在任何给定的交易中，参与者之间的联系远远超出订约方的范畴，但这些联系被低估了。

就连美国证监会也得出结论：“（2010 年）5 月 6 日的事件也是一个重要的提醒，让我们意识到衍生品和证券市场是相互关联的。”一个系统若缺乏对自身多层次联系的了解，缺乏将各组成部分有效整合的反馈回路，缺乏快速进化机制……那就是一个无法将发展与增长结合起来的系统。

当我们讨论早期初创企业时，关于增长的讨论往往最为热烈，理由也很充分：如果没有实现快速增长，那么这些脆弱的企业通常会面临倒闭。在创业领域，有几种颇有希望的发展趋势。

第一，“快速失败”（fail fast）的理念已经在许多新企业中生根发芽。这个理念承认任何新尝试的内在脆弱性，并鼓励参与者接受这一点，以规划小型实验、快速评估，如果需要的话，还要计划体面的结局。其重点并不完全是失败本身，而是培养快速测试、评估和适应的能力。从企业一创立就建立这种模块化测试的理念，并利用适当的反馈回路进行设计，这与 20 世纪流行的“深度调查，大赌注”（deep research, big bet）的创新方法有着根本的区别，后者在一定程度上是资本密集型企业所必需的。企业如果在后一种情况中很快就失败了，那通常就没有资源去加以适应并再次尝试。

第二，近年来，人们开始更多地关注“发展与增长”中的“发展”部分。现在有许多孵化器和导师项目可供创业者使用，无论创业者是在自家阁楼里编写新软件，还是在培训地球另一端的农村医护工作者。在这些孵化器、创新走廊和创业中心周围兴起的社区，正在致力于提升整个系统的多样性、活力和力量。此外，人们开始更多聚焦于早期商业模式的基本资本强度，这往往与这些业务所获得的持续资源强度呈现相关性。发展软件业务与发展木材业务，两者的需求有着根本不同，企业家、经理、客户和投资者正在更好地理解这些差异。

最重要的是，我们对增长和增长目的的定义已开始有所扩展。人们开始对“繁荣”采取一种不同于以往的、更多维度的看法，而不再拘泥于国内生产总值（GDP）等衡量标准所界定的狭隘范畴。达沃斯论坛和哈佛商学院讨论着社会进步指数（Social Progress Index）和国民幸福总值（gross national happiness）等指标的应用可能，并开始认真考虑罗伯特·肯尼迪（Robert Kennedy）[①] 在 1968 年演讲中指出的 GDP 的不足之处：

① 美国政治家，第 35 任美国总统约翰·肯尼迪的弟弟，在约翰·肯尼迪总统任内担任美国司法部长，主张促进民权，反对越战，在 1968 年遇刺身亡。——译者注

GDP包括空气污染和香烟广告，也包括为交通事故而奔忙的救护车；它包括我们给自己家门装上的特制防盗锁，也包括用来关押那些撬锁破门的盗匪的监狱；它包括我们对红杉的砍伐，也包括因城市的无序扩张而消失的自然奇观；它包括凝固汽油弹、核弹头，也包括警方为在城市中打击暴乱而使用的装甲车；它包括惠特曼的步枪和斯派克的刀①，也包括那些美化暴力以向孩子们兜售玩具的电视节目。然而，GDP不曾考虑到儿童的健康、他们接受的教育质量或玩耍的乐趣。它不曾包括诗歌的美、婚姻的力量、公共辩论的智慧或者公职人员的正直。它既不能衡量我们的机智与勇气，也不能衡量我们的智慧与学识；既不能衡量我们的同情心，也不能衡量我们对国家的奉献精神。简而言之，它衡量一切，唯独除去那些使生命有价值的事物。它告诉我们关于美国的一切，却不告诉我们为

① 惠特曼指查尔斯·惠特曼（Charles Whitman），是1966年在得克萨斯大学奥斯汀分校造成16人死亡、32人受伤的校园枪击案凶手。斯派克指理查德·斯派克（Richard Speck），被称为“美国杀人狂”，因1966年在芝加哥一宅邸内杀害8名护理学校的女学生而臭名昭著。——译者注

什么因身为美国人而自豪。

随着定义的扩展，“增长”一词可以更准确地反映真实成本和真实利润，使我们能够做出更深思熟虑、更全面的投资决策，无论是在个人层面，还是在社会层面。

随着社会企业家的快速成长，我们看到了新一代企业家的涌现，对他们来说，所谓“双重底线”（double bottom line）和“三重底线”（triple bottom line）①都是不必要的造作。这些“仆人式领导”（servant-leaders）②从一开始就采用综合视角，从多方考虑，以将影响力增长、规模增长和资金增长融会贯通。

这些新企业家中的许多人都追随了前辈的脚步，比如费城“白狗咖啡”（White Dog Café）的老板朱迪·威克斯（Judy

---

①“双重底线”指企业责任中除恪守经济底线外，还需有社会底线。而“三重底线”在此基础上增加了环境底线，意即企业必须履行最基本的经济责任、环境责任和社会责任。——译者注

②由美国电话电报公司总裁罗伯特·K. 格林里夫（Robert K. Greenleaf）提出的一种存在于实践中的无私领导哲学。此类领导者以身作则，乐意成为仆人，以服务来替代管理。——译者注

Wicks)。由于这家咖啡厅取得了巨大成功，人们不断怂恿朱迪通过特许经营或其他实体复制手段来扩大她的业务。但她却另辟蹊径：

> 我做出的决策不是为了使利润最大化，而是为了使关系最大化。从长远来看，我相信这也是我们实现财务可持续发展的原因。我开始意识到，可以用其他方式来衡量我们的成功，而不是实体规模的增长。我们可以通过增加知识、扩展感知、深化关系、发展创造力、建立社区、改善自然环境来实现成长。所有这些同时也提升了我们自己的幸福感并增强了健康，还让我们拥有更多的乐趣。

这种多维度增长反映了一种更具抗逆性的增长方式，其效益具有更多的层次和更大的影响力。更重要的是，它给出了一个不依赖于不断增加自然资源消耗的增长范例。与以往资源消耗型增长恰恰相反，这种增长有助于重建社区生态系统和自然生态系统。

这种增长定义的扩展也在 B 型企业（B-corp）①运动中得到了呼应，这类企业明确接纳超越其财务报表的目标，并让我们认识到企业可以产生多种形式的影响。B 型企业的《相互依存宣言》(*Declaration of Interdependence*)②提醒我们，所有的商业行为都蕴含着与更广泛的社会网络相联系的多维元素，承认这种联系是迈向健康、长期发展的第一步。B 型企业“不仅要力争成为世界上最好的企业，还要力争成为对世界最好的企业”。

如何实现最优化增长型投资

怎样才能规避那些如同永不停息的动感单车课般的金融活动呢？最优化增长法则指出了一些清晰的路径。

---

① 也称“共益企业”，一种新兴的企业认证体系，其关注整个商业生态里的各方利益，比如消费者、供应商、合作方、环境、员工等的利益，遵循的宗旨是“商业向善”。——译者注

② B 型企业在获得认证前需签署的文件，本身是对著名的美国《独立宣言》的仿写。——译者注

与其假设增长和速度天生即是好的，倒不如先停下脚步，学会质疑这些特性的目的和本质。我们需要增加的是规模、复杂性，还是冗余性？我们需要的是更快的速度，还是随条件变化而调整速度的能力？应该承认，高频交易初期的一些增长为整体市场流动性带来了益处，那时流动性是市场的重要“养分”，而且供不应求。但是，就像农民也需要调整种植技术以适应不同的土壤和天气条件一样，我们在投资中也需要不断地重复问基本问题：“这里需要什么？现在需要什么？”也许答案是“更多”，但显而易见的后续问题便是“更多的什么”，以及“为什么需要”。

一旦我们将发展与增长视为彼此交织的概念，就不可能将它们彼此孤立，并几乎必然会将这两种相互关联的理念延伸到其他类型的投资之中。比如我们考虑一只股票，就会想：该公司计划如何（以及为什么）实现增长？其管理者是否考虑过所有需要的“养分”，并像规划财务业绩那样仔细地为它们制订规划？当条件允许时，该公司是否计划以得体的方式缩减规模，并向更广大的系统反哺营养，而不是以一味推动资源密集的方式来实现增长？如果我们更仔细地审视市政债券，而不是简单地浏览其到期收益率，就会发现涉及更多方面的、有趣的信息。市政当局发生了什么？诸多雇主、公民和基础设施的运作是否良好？这种债券是为了一个巨大却缺乏其他社区支持的开发项目而发行的吗？将最优化增长法则的应用扩展开来，我们的思维模式就可以从“非此即彼”转变为“兼而有之”，从单维转变为多维。

以下是帮助我们实现更平衡的、彼此结合的发展与增长的一些基本考量：

- 重新审视增长的根本目的。是什么的增长？是哪种方式的增长？在什么时间段？这种增长带有什么特征？目的是什么？尽量避免无意识的“越多越好”的假设。
- 平衡增长投资与发展投资。当我们在微观层面审视个人投资决策时，以及在宏观层面考虑投资的总体目标时，这一点都是有所助益的。我们需要不断发问：应当在哪方面增加资源，来支持自己所寻求的增长类型？
- 接受动感单车课般的金融活动总会结束的事实。当我们在投资讨论中发现自己预设的前提是永不停息的、毫不费力的增长时，要意识到这个前提是虚假的。它要么不可持续，要么无

> 益健康，要么二者兼有。我们如何发展一种慢增长、零增长或以得体方式实现缩减的系统？最起码，我们如何专注于那些能够以不叠加物理资源强度的方式来增加产出或结果的投资行为？

我们可以同时在多个维度进行投资，重新部署当前的资源，为未来做出长远谋划，而不是集眼前一切资源只供当下使用；可以更全面、更充分地考虑发展与增长；可以制订计划，缩减对资源的使用，并对其加以保存和回收，以供他时他处之用。最终，我们的准则可以从“最大化”转向“最优化”。

THE NATURE OF INVESTING

解码仿生投资

- **自然的法则：**

  最优化增长法则

- **转换成投资语言：**

  以可持续的方式实现多维增长

- **投资自测维度：**

  高频交易的组成部分中是否结合了模块化嵌套组件？

  高频交易是自下而上构建的吗？

  高频交易是否体现了自组织原则？

- **进化中的投资范例：**

  “快速失败”和“仆人式领导”

- **投资箴言：**

  “永不停息的动感单车式投资”总会结束

The NATURE of Investing

第 7 章

从交易型转向关系型

Resilient Investment Strategies Through Biomimicry

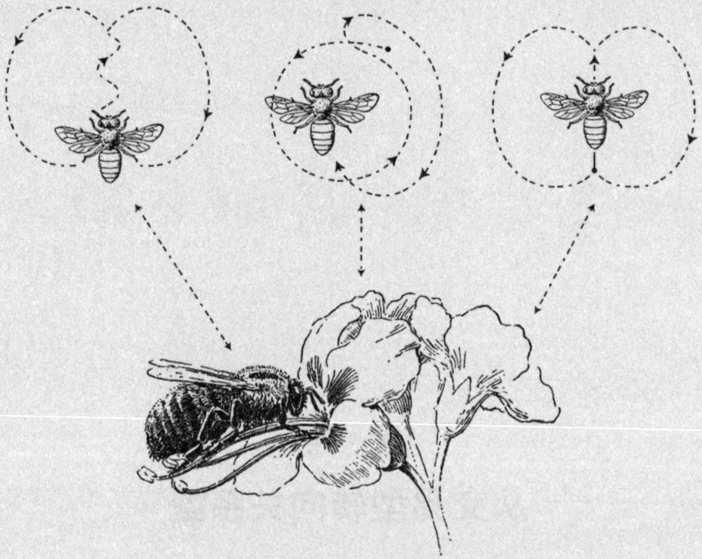

局部协调：摇摆舞

蜜蜂的舞蹈是复杂而持续的通信流的一部分。随着新信息的接收和蜂巢内外部环境条件的变化，蜜蜂的舞蹈方式也会不断更新和改变。

第 7 章
从交易型转向关系型

在过去的 20 年里，我有幸跟随仁爱之家（Habitat for Humanity）[1] 一起游历了 20 多个国家，并在当地的房主建造房屋时帮忙做些体力活。在我早期的一次非洲之旅中，当地的组织负责人带我们参观了当地人的储藏室。那只是一个小棚子，里面有些工具和几袋水泥。当时我很困惑，其他建筑材料在哪里？在这之前，作为一名美国住宅建筑业的分析师，我习惯了在建筑工地附近看到大量堆积的建筑材料。

① 也称“仁人家园”，是美国一个非政府和非营利性组织，宗旨是帮助当地社区进行家庭建设和改善家园。——译者注

不过，很快我就意识到材料就在周围。在接下来的几天，我们每天做这些工作：坐牛车到河边铲沙子，然后筛沙子，再搅拌成灰浆；一天步行好几次到路边的水泵旁，用 10 加仑[①]的大容器汲水；从将要建造房子的宅基里挖出黏土，做成墙砖；到树林中伐木，制作房梁。除了几袋水泥、一把钉子和铺在屋顶的镀锌金属片，其他材料都就地取材。

更重要的是，整个社区都参与了建设。房主的家人、朋友和邻居都在工地上帮忙。有些人为访客提供食物和住所。有些人则会提供精神上的支持，他们会在路过时停下脚步为建设工作鼓劲，并对其进展评论一番。

这座位于社区内的新房子，其建设本身就是一项社区活动，即一种完全基于社区的局部协调工作。可以说，这就是一项社区投资。

① 美制 1 加仑约等于 3.785 升。——编者注

局部协调法则

有时我认为，当前金融体系面临的挑战可以追溯到早期的太空探索，或者最初的《星际迷航》系列影片。这些现代版本的“最后的边疆”（the final frontier）[①] 重新激发了人们扩大和探索未知疆域（一个让人类迷恋了几个世纪的概念）的热情。它们代表了一种高尚的探索方式，值得为之奉献、付出大量的资源和牺牲。它们让整个社会重拾探索和扩大疆域的乐趣，其探索对象除了智力和技术疆域外，也包括物理疆域。

然而，在许多方面，人类对“探索”的概念却莫名受限。我们往往倾向于从旅行者的角度出发，只是痴迷于从旅途中带回的东西，无论这些东西是更深刻的见解、美丽的照片、傻乎乎的 T 恤、新的语言技能，还是月球上的岩石。在商业和投资情境中，也存在类似的局限：投资者通常关注的是什么可以跨越遥远的距离进行交易，而不是什么可以相互连

① “边疆”或“疆域”的概念最初形成于美国西进运动，是一种与探索和解决未知领域相关的无限机会的隐喻，“最后的边疆”也成为美国文化、幻想文学等的常见题材设定。《星际迷航》第五部电影即以此为副标题。——译者注

接。比如，只需点击一个按钮，我就可以买到香港的股票，从伦敦订购衣服，或者订一张去印度的机票，但这些活动都不意味着我和这些地方有真正的关系。“去远方”的基本意图，似乎与交换和自身回报密不可分，却与建立持续的联系无关。

经过一段漫长而激烈的全球化进程后，“局部协调”的理念听起来可能有些过时。这就好比去塔吉特（Target）[①]囤货之前，或者坐飞机去参加在 4 000 多公里外举行的商务会议之前，你得先在周末去家附近的农贸市场买点东西。然而，局部协调的自然法则并不过时，它不是仅仅局限于物理邻近的简单想法，而是包含了生命与其所处环境协调的更完整的概念。

局部协调法则的次级原则如下：

- 使用现成的材料和能源
- 培养合作关系
- 利用周期性过程

① 美国国内仅次于沃尔玛的第二大零售百货集团。——译者注

- 使用反馈回路

就像我在世界各地看到的仁爱之家的住房一样，鸟窝也是体现第一条次级原则“使用现成的材料和能源”的绝佳例子。每个曾在自家后院探索过一番的人，应该都发现过除了使用野草和树枝以外，还用到了碎报纸、绳子和其他随手可得的材料筑造出来的鸟巢。还有一个例子是海胆，它可以通过沉析海洋中早已存在的方解石来实现自身棘刺的再生。作为局部协调法则的一部分，自然生物不断地借助丰富的、可获取的材料和能源进行建造，充分利用局部环境中任何可用的东西。有时这条次级原则也被解读为“免费资源”原则，即利用环境里的任何免费材料，但这种表述并不是很准确。我们确实看到大自然会使用随手可得的材料，但它们并不是真的免费。一只鸟在为它的巢穴收集树枝或绒毛时，会涉及很大的能量消耗，还伴有一定程度的风险。所以对于鸟类来说，这些建造材料都是相当昂贵的。

局部协调法则并不局限于材料，也适用于局部关系。大自然中有大量例子可以阐明第二条次级原则“培养合作关系”。想想小丑鱼和某些海葵的共生组合吧。海葵有刺状的触须，这使大多数其他生物对其敬而远之。但小丑鱼体表有一层起保护作用的黏液涂层，所以它们可以和海葵生活在一起，后者的触须也为它们提供保护。作为回报，小丑鱼会清理海葵周围的食物残渣，吓跑海葵的主要捕食者蝴蝶鱼。新的研究表明，夜间氧气水平较低时，小丑鱼的快速游动还为海葵带来了额外的氧气。正如许多动画电影展示的那样，我们很容易将这种关系拟人化或浪漫化。然而，这种合作关系之所以能维系，并不是因为情感，而是因为它为双方提供了真正的价值。

局部协调法则还包括与局部环境中的周期同步，并利用这些周期来维持生命。第三条次级原则“利用周期性过程”，可以在生活于沙漠中的纳米布甲虫身上观察到。这种甲虫懂得利用黎明时分席卷沙丘的雾气（一个周期性过程）。当雾气来临时，纳米布甲虫会抬起它的壳，这样水汽就会凝结在壳的上表面。壳顶端的凸起促进水汽凝结，然后凝结成的水滴顺着凸起之间的凹槽流入甲虫的嘴里。

需要注意的是，局部协调法则本质上是一个动态过程。所以，为了维持繁荣兴盛，第四条次级原则“使用反馈回路”是至关重要的。例如，你在电视上看到的那些可爱的猫鼬。猫鼬不仅是令人着迷的明星动物，还是精擅反馈回路的使用者。猫鼬吃很多蝎子，你可以想象，蝎子这种“美食”其实颇为棘手。成年猫鼬对蝎子毒液有一定的免疫力，但对于一只幼年猫鼬来说，学会如何在不被蝎子蜇到的情况下吃掉蝎子仍然很重要。在这方面，成年猫鼬是出色的老师。它们先是给小猫鼬带来咬掉尾巴的死蝎子当晚餐，然后带来没有尾巴的活蝎子，最后带来有毒刺的、完整的活蝎子。小猫鼬在这种迭代式指导下，通过这种课程所提供的所有反馈回路来学习。

有效的反馈回路有三个关键组成部分：首先是信号，即信息流；其次是接收器，因为信息需要以准确和可用的形式被接收；最后是适当的反应。这三个组成部分需要保持协调一致，就像幼年猫鼬所接受的训练一样。

将局部协调法则纳入社会情境时，我们需要考虑几个重要的问题。

其一，所处环境的重要性。这一原则探讨的是如何适应我们所在的局部环境，但也不止于此，它们还要求我们与局部系统相连并整合为一体。为了在任何环境下都能茁壮成长，我们需要局部的输入、局部的关系和局部的反馈回路。

任何在群体环境中工作或生活过的人，都很容易理解这些原则在各个层面的含义。以高中食堂为例，要达到基本层面的要求，即适应这个环境，并不难，你只需在食堂里找个位置进餐、补充营养就行了，也不会干扰系统的其他部分。但是，要做到与所处情境真正地协调，你就要能在自助食堂提供的各色餐饮中找到自己最喜欢的食物，有一桌朋友可以加入，还要能根据食堂工作人员的谈话和新推出的菜单来适当调整明天的用餐计划。

其二，合作与联系。与局部协调意味着局部环境中的人事相联系，而这些关系都需要某种程度的合作。有时候，强调竞争对于人类来说很有吸引力，因为在某些情形下，保持竞争所带来的变革动力是有意义的。但由于合作已经如此深植于我们的生命之中，因此我们反倒往往会低估它的重要性。甚至在撰写本书时，我也一样受惠于各种个人形式与系统形式的合作关系。比如，连接电脑的电源线以电子的形式为我提供能量；院子里种的番茄以营养的形式为我提供能量；最重要的是，我身处其中的、由家人和朋友及同事所构成的庞大人脉网络为我提供的各种不同的支持。反过来，我也为所有这些对象提供支持：我付电费；我给番茄浇水，给它唱快乐的歌；我用有形和无形的方式支持我的家人、朋友和同事。

在我的投资工作中，每天都有持续的辩论、分歧和某些类型的竞争。我偶尔也会比其他人先抢到比肯希尔（Beacon Hill）[①] 的最佳停车位。但这些竞争其实都是嵌入一个高度合作的巨大支持系统之中的，竞争甚至因这一系统的存在才成为可能。这个合作系统令竞争系统相形见绌，只不过前者更深藏不露，所以我们会不识庐山真面目。

其三，局部协调是一个动态的、反应的过程。如上所述，运作良好的反馈回路需要准确的信号、有效的传感器和适当的反应。在某种程度上，人类的反馈回路似乎更加高效，因为更多的数据通过更快的新闻流源源不断地传递给我们，而我们可以采用更简单的反应机制处理这些信息。但我们并不需要完全依靠技术来完成这一动态过程。比如，同样的动态过程也发生在新英格兰镇民大会等议事规程之中，其中的公开讨论为治理提供了一套自然灵活且不断发展的“信号传感器”。参加过这种大会的人都可以证明，这些大会

① 位于波士顿的一处历史保护街区，马萨诸塞州议会大厦和许多历史地标的所在地。——译者注

的议事速度并不总是很快，但他们肯定是与当地社区相协调的。

用“相关、有效、适当”取代“更多、更快、更容易”

投资其实始终是一个提供机会，以创建协调的、积极反应的过程，尽管我们并不总是能成功。以季度收益发布为例，从理论上讲，这个过程可能是一个与局部协调法则相当一致的例子。发布者对结果的汇集主要是利用手头已有的事实和数字，即利用随手可得的材料。这样做的目的是让投资者更好地了解公司的运营情况，从而培养合作关系。这种活动每季度进行一次，所以这显然是一个周期性过程。由此产生的对话和证券价格的变化可以提供有用的反馈回路。

而研究某个特定的公司有助于我们认清这个理论上一致的过程（季度收益发布）与现实生活经验之间的差距。20世纪 90 年代初，当我开始分析通用电气的季度收益时，我注意到它每个季度的新闻稿由包括收入、净收入、每股收益和股票计数在内的半页的数字，以及时任首席执行官的杰克·韦尔奇对业绩的简短评论组成。过了一段时间，其中又增加了包括公司每个大部门的运营总结在内的第三部分。在财报即将发布的日子里，全球通用电气的分析师们都会在传真机旁徘徊不去，希望成为第一批解读财报的人。

如今，通用电气（以及所有其他上市公司）发布的季度收益数据越来越多。其最新的基本收益报告用小字体打印，有 11 页，而附加数据则长达 36 页。只要能上网，任何人都可以立即获得这些文件及其配套的详细的幻灯片演示，以及漫长的电话会议录音。每一个可能列入的事实和数据都被塞进了报告里，这种做法正是基于人们普遍持有的（甚至是法律强制的）观念，即“越多越好”，且披露信息的数量多寡与企业的质量直接相关。这种发布一开始只是一个快速、简单的反馈回路，现在却变得愈发冗长啰嗦，甚至可能无法达到其预期目的。要解读一家大公司的一套这样的报告，一个缜密仔细的分析师必须花费大量的时间，甚至把所有的时间和精力从其他可能更长期或更具创造性的研究中抽出来投入此处才行。

在信息输入量激增的同时，投资反馈回路中的反应机制也变得更快、更自动化。现在，你无须走到交易柜台或打电话给经纪人下单，只须点击一个按钮就可以买卖股票。一切甚至还能更快，你可以设置带有简单标记功能的交易程序，这样一来，当新闻稿中出现“业绩指导下降”或“利润率低”等短语时，股票就会被自动卖出，无须任何人工干预。

因此，我们的信息输入量更庞大，信息处理速度更快，对信息做出反应也更容易。这听起来像是我们在投资反馈回路的三个领域已取得巨大进步。可事实恰恰相反，信息量、速度和易用性并不是构成有效反馈回路的要素。在包括投资在内的所有行为中，我们需要的是相关的信息、有效的处理和适当的反应。也就是说，我们需要的不是“更多、更快、更容易”，而是“相关、有效、适当”。

大宗商品市场与局部协调法则的契合度

当我们考虑在日益全球化的金融市场中如何实现“与所处环境相合”时，明确这个“环境”的定义显然很重要。如果你的投资业务每天都跨越国界，那么“局部”或“本地”意味着什么？大宗商品市场是一个奇怪的混合体，它既是本地的，也是全球的。因为实物资产的生产地区往往高度集中（想象一下铝冶炼厂或柑橘园），但其分销会覆盖更广泛的区域，而与其对应的金融工具和交易却是所有有价证券中全球化程度最高的。

从长期来看，大宗商品市场起到了与纸币同样的作用。这两种方式使得交易的距离要比我们来回运送成吨的铝所能达到的实际距离远得多。这可以带来巨大的好处，特别是在某些情况下。比如，你经营一家大型烘焙公司，不希望自己的生意受到某个地区小麦价格短期变化的影响，那么你可以利用大宗商品市场来锁定小麦未来的交易价格。

这就是我所说的大宗商品市场的“局部”或“本地”版本。在这种情况下，个人和公司在他们自己的商业活动中会使用到实际交易的产品。简单地说，这些参与者被称为商业交易者，他们的商业活动等同于本地化的大宗商品交易市场。尽管这种商业活动可能跨越很远的地理距离，但大宗商品市场是一个直接相连的系统，其中商品的使用者和生产者都是市场参与者。从生物学的角度来说，他们可能类似于候鸟，比如高山雨燕。这些鸟类在欧洲繁殖，但要飞到千里之外的西非过冬。途中，高山雨燕可以持续飞行数月。这种鸟的“原生栖息地”纵横交错数千公里，我们如果将其加以归并，就会发现这些距离形成了一个连贯的、彼此相连的系统。

直至20世纪90年代，大宗商品交易的主体仍是商业参与者。1998年，实物套期保值者（处理实际、有形商品的个人和组织）占市场活动主体的77%。那么，这些原先以商品为中心的大宗商品市场，又是如何变得与局部协调法则相抵触的呢？

- 它是否使用现成的材料和能源？一个健康的大宗商品市场需要的能源远远少于一个纯粹的实物市场。你无须跨国运输小麦，就可以将美国西部的期货持仓与更接近的东部买家的库存相匹配。
- 它是否培养合作关系？所有的市场交易行为本质上都是合作关系，每个买家都需要一个卖家。我们经常把交易活动定义为一种异常激烈的竞争，虽然寻求一桩大的交易“胜利”可能会让人有那么点竞争感，但交易本质上是一种合作行为。

- 它是否利用周期性过程？有效的大宗商品市场就是为了实现这一点而设计的。它提供更完整的信息，以平复地区与地区之间、从种植到收获期间及不同年份间的价格剧烈波动。
- 它是否使用反馈回路？这是商业化大宗商品市场的主要目标之一，提供更完整的信息和更准确、有效的反馈回路。比如，你是 19 世纪美国伊利诺伊州的一名农民，如果你所在县的玉米收成很好，那么即使州内有三个县遭遇干旱，玉米价格创下历史新高，你的玉米收购价格仍然可能被压低。而借助有效的大宗商品市场，你就可以获取对产量和产品可得性的更准确洞见，这应该对买卖双方都有帮助。

健康的大宗商品市场就其以用户为导向的基本形式而言，与局部协调的自然法则可谓相当契合。它可能可以得到 B+ 甚至 A- 的高分。

不过，与所有市场一样，大宗商品市场的扩张也带来了挑战。对那些在业务中实际用到铝或玉米的经济实体，我们可以看到大宗商品市场为它们提供了有用的工具。但如果某些实体在自身业务中不使用铝，却又与那些用到铝的实体涉足同一个金融市场，情况会如何呢?

其结果是企业管理、投资和投机之间可能发生一场灾难性的急剧滑坡。以食品类大宗商品市场为例，由于食品具有与金属等其他商品不同的功能和灵活性，因此食品投机就变得尤为致命。如果铜价非常高，那么建设项目会被推迟，铜料库存会耗尽，但人们会寻找新的铜料供应来源和替代材料。通常，这些调整最终会重新校准原料价格，任何被推迟的项目都可以重开。但如果玉米价格太高，人们就会挨饿，即使玉米价格可能在几周或几个月后下跌，也不是令人感到宽慰的事情，因为饥饿感是真实的、即时的。自然系统、金融系统和社会系统之间的这种交叉联系是复杂而至关重要的，但这种重要性在我们的监管、操作或分析过程中似乎并没有被很好地反映出来。

以下是对美国这些年来大宗商品交易变化的简单汇总：

- 大宗商品市场的衍生品活动在 20 世纪 90 年

代逐渐普及，引发了美国商品期货交易委员会的忧虑。

- 然而，相关方并没有对此加强限制。2000 年通过的《商品期货现代化法案》(*Commodity Futures Modernization Act*) 反而使得某些市场 (如能源期货) 免受美国商品期货交易委员会的监管。
- 大约在同一时间通过的《金融服务现代化法案》(*Gramm, Leach, Bliley Act*)，允许各种新金融参与者进入大宗商品市场。
- 美国主要的农业交易所——芝加哥期货交易所也放松了对谷物和油籽合约的投机限制。
- 学术界和金融界对“大宗商品作为一种资产类别”这一观点的鼓吹之风日盛，这促使大宗商品指数基金从 2003 年的 130 亿美元增长到 2008 年的 3 170 亿美元。据估计，到 2008 年，这些基金占据了大宗商品市场未平仓长期合约的 41%。
- 与上述数据同样重要的是，食品类大宗商品市场的许多参与者的看法似乎也发生了变化。尽管从历史上看，参与这些市场的许多人都与农

> 业有某种个人联系，或者至少对他们所参与的市场与世界的联系有直接认知，但一位高级交易所官员曾在 2010 年说过：“我们所交易的这些商品在我看来无足轻重。”据我了解，这种将大宗商品与农业乃至真实世界相分离割裂的观点在当时已经非常普遍。

可以肯定的是，大多数时候，大宗商品价格的变化仍然可以用潜在的供需动态变化来解释。但如果投机已成为一个市场因素，又会发生什么呢？当我们审视食品类大宗商品的情况时，会得出一系列令人玩味但又不安的答案。

对于食品类大宗商品，我们通常需要考虑其所面临的一个长期背景：随着人口增长和全球财富增加，粮食需求不断上升，同时，与粮食有关的耕地和生产水平受到一些自然限制。需求的上升和有限的供应相结合，将使其长期价格不断上涨。粮食商品的供求关系与其他市场一样密切，在 2000 年之前，基于供求关系的经济模型为粮食价格提供了强有力的、相当完整的解释。

然而，近年来，食品价格变化中仅由供求关系即可解释的因素比例一直在下降，这表明一定有其他因素在起作用。具体地说，正如新英格兰复杂系统研究所的研究人员所揭示的那样，自 2000 年以来，有两个额外的因素，即乙醇和放松管制，在解释食品价格时变得更加重要。乙醇燃料化政策助长了市场对玉米的需求，这给玉米和相关作物带来了价格上涨的压力。又如上所述，放松管制有两种影响：第一，使越来越多的投资者有可能参与大宗商品市场；第二，使投机变得更加容易。

不过，为什么要关心投机是否导致了玉米价格飙升？我们又不会去商店买几蒲式耳[①]的玉米。哦，等等，我们确实会。正如饮食文化作家迈克尔·波伦（Michael Pollan）所强调的，超市中超过 1/4 的商品含有玉米，通常以玉米糖浆、用玉米喂养得到的鸡肉和牛肉，以及玉米油的形式摆上货架。这种投机活动与消费者体验之间存在着有形和直接的联系。

① 美国和英国使用的一种容量单位，一般用于玉米、小麦等粮食干散颗粒商品期货的计量。1 美蒲式耳 ≈35.24 升，1 英蒲式耳 ≈36.37 升。——译者注

比超市收银台的结账价格上涨更值得玩味、也更令人担忧的是，越来越多的证据表明，大宗商品价格波动会导致社会动荡。新英格兰复杂系统研究所的同一团队最近的一项研究阐释了食品类大宗商品和公共暴力之间的联系。许多潜在的因素导致了社会动荡，比如贫困和社会不公。但这项研究发现，高粮价，特别是高且不稳定的粮价，与暴力事件的频发也有直接关系。

这项研究从几个重要的影响层面来进行分析：第一，人为因素为基础粮食系统的结构失灵创造了有利条件，因为许多国家现在更加依赖全球市场，而从历史上看，本地供应和自给农业为全球粮价波动提供了缓冲；第二，政府政策，尤其是乙醇燃料化政策，使玉米面临中期结构性价格压力；第三，重大投机活动的引入，使价格飙升幅度超出了非投机的、由供需驱动的市场所能产生的幅度。

这些因素的结合叠加，尤其是投机活动的激增，显然与社会动荡相关联。换句话说，芝加哥玉米投机者的行为，与埃及、利比亚和叙利亚所发生的粮食骚乱直接相关。2011年，这些骚乱造成数千人死亡。有人可能会辩称，对低价股的投机“只是一场游戏”，其影响虽然直接，但范围相当有限。然而，与股票不同，对食品类大宗商品市场的投机活动流毒深远。它导致饥饿、痛苦和暴力。正如美国资本研究所（Capital Institute）创始人约翰·富勒顿（John Fullerton）所指出的那样，“大宗商品市场的造市与金融市场的普通造市（比如单一股票增发和抛售计划）完全不同，而且远比后者危险，甚至要比肆无忌惮地操纵伦敦银行间同业拆借利率的行为更危险。毕竟没有人以伦敦银行间同业拆借利率为食”。

对受到立法、法规和投机等多重影响的当前食品类大宗商品市场的这番审视，揭示出一个与局部协调法则并不相符的系统。

- 它是否使用现成的材料和能源？随着乙醇相关立法和金融投机等外部因素的扩张，一种虚假能量被注入了大宗商品市场。这些外部影响与大宗商品的核心功能及其市场的原始功能的联系越来越少。
- 它是否培养合作关系？市场的基本合作性在这里被“三合一”的大宗商品市场功能所扭曲，合而为一的三种市场分别是核心的商业市场、立法诱导的市场和投机市场。每种类型的参与者都有不同的需求和动机，这些需求和动机相互分离，难以同步。从根本上说，这是一个脆弱和易变的系统。

- 它是否利用周期性过程？随着市场参与者的扩容和目的泛化，大宗商品市场与农作物生长自然周期的关系日渐疏远。
- 它是否使用了有效的反馈回路？同样的市场扩张扭曲了反馈回路，这使得修正机制也变得不甚有效。

投机行为放大了价格波动，这些价格波动加剧了社会体系的脆弱性，这种脆弱性更进一步给人类带来实实在在的伤害和痛苦。我们在食品类大宗商品市场看到的，不仅是市场的混乱，也是道德的失范。这是一个危险的组合，需要我们加以洞察和纠正。

本章引用的一个最重要的分析元素很容易被忽视，即认为基于本地的食品系统曾经更为稳健，且世界上许多地区曾经不像现在这样依赖全球粮食类大宗商品。如果前面讨论的立法、放松管制和投机行为未能直接影响到这么多彼此分散的本地系统，那么其影响也不会如此可怕。因此，我们可能确实需要对大宗商品市场做出一些重大调整。但我们也需要对能够缓解其影响的本地系统进行加强巩固。这就像建立海岸生态系统，有了这样的系统，当海洋风暴来袭时，沿海栖息的生物就有更多的庇护所。

幸运的是，有很多充满活力的地方性投资活动，其中大部分尤为注重培育和强化当地食品系统。例如，“慢钱”（Slow Money）运动的重点是“用钱回馈地球”和“以重视粮食、种植和生育率的方式进行投资”。这一运动已催生出许多地方分会，这些分会通过投资、培训和支持当地企业家，来聚焦于它们自己所在的地区。我参与了波士顿的一个借贷组织，它隶属于我们当地的“慢钱”组织。事实证明，这种方式能够更好地了解和投资我们当地的食品系统。由此，可以与帮助滋养这个系统的真正的农民和企业家见面，也许最重要的是，可以与其他当地朋友合作，让我们的社区共享利益。

地方生活经济商业联盟（Business Alliance for Local Living Economies）的重点是通过建设充满活力的地方经济和社区以促进繁荣。其拥有 80 个地方商业网络，还有广泛的培训、联系和投资机会。地方生活经济商业联盟的地方主义运动让我欣赏的地方在于，它关注整个系统，并认识到能源、食品、商业和社区都是不可分割的一体，孤立地关注单一元素并不会使整个系统繁荣昌盛。

除了“慢钱”组织、地方生活经济商业联盟之外，还有一种机构，即社区发展金融机构。美国有 1 000 多家社区发展金融机构，它们持续为许多社区的小型企业提供重要的融资服务。在 21 世纪头 10 年末期的金融危机中，社区发展金融机构作为一个整体的贷款和信贷联盟，其资产的增长速度超过了传统的同行。

上述三种机构只在全球政治、社会和经济背景下可以观察到的，是波及范围更广的地方参与浪潮中所涌现的几个例子。这些努力中有许多是由更简单、更直接的机制支持的，这些机制构成了“从合成到简化”这一转变的基础。我们将会看到，这些转变如何相互交织、相互加强，从而构建一个更健康的投资生态系统的基础。

如何实现局部协调型投资

如何才能转向更紧密联系、更贴近情境的投资？大自然的局部协调法则为我们提供了一条路径。

在自然的语言中，“局部”通常意味着附近。但更重要的是，它意味着联系。首先，想想“局部”的字面含义，也就是附近和本地。投资是否以你自己所在的社区为中心？有没有办法将你的资源更多地与当地生活联系起来？其次，想想“局部”更隐喻的内涵，也就是连接。浏览会计财务报表时，你是否知道这些资金投入了哪些公司？是否知道这些公司生产什么产品？能否解释每只证券的详情？虽然不需要对每一笔投资的每一个细节都了如指掌（尽管这是一个卓越的目标），但如果连自己财务报表上的大部分上市公司都不认识，那此时你要做的就是筛选工作了，看看哪些投资真正服务于有价值的目的，哪些只是投机，或者只是“聊胜于无”的存在。

当我回想起在仁爱之家所做的建筑工作时，这种工作所蕴含的多层次联系令我大受震撼。这些联系包括：与土地的联系，与社区的联系，与使命的联系，以及与人的联系。其中，与人的联系跨越了对人的划分，不管这种划分是按照宗教、政治还是民族来进行的。遗憾的是，在自己所有的投资中，我仍未发现这种程度的联系，但愈发专注于找出这种联系，并以之为追寻的目标。如果我说不出自己的投资在世界上有什么可见影响，那就是“一击不中”；如果我不能详尽解释它的直接和间接影响（我希望是益处），那就是“二击不中”；如果我连它是如何运作的都无法解释，那就是“三击不中”。三个“不中”，意味着三振出局。通过这些问题来筛选投资，我试图一点一点地将自己的投资从交易型转向关系型。

以下是一些从交易型投资转向关系型投资，以专注于那些助力局部繁荣发展的投资方式：

- 定义情境。确定是什么构成了你的投资情境，比如想要专注于一组特定的主题、一种组织类型，或是专注于一个地理区域或一种证券类别。定义什么是“局部”或“本地”。
- 培养合作。试着暂时抛开那种“万事争第一”的倾向，认识到周围真正给予你支持的是合作性系统。竞争可能是有益的，但应该认识到合作才是承载万物的水，竞争只是水上浮舟而已，而且竞争也未必就是零和游戏。有什么方法可以实现你的目的，而不必击垮别人？想必是有的。不过，更理想的情况是你能通过支持别人来实现自己的目标。

- 创建动态 / 响应的健康反馈回路。反馈回路需要包括相关的信息、有效的处理和适当的反应。什么样的反馈能让我们知道真正发生了什么，以及是否需要调整？日复一日的价格报告和千篇一律的投资周转率不太可能是最有用的信息。

当我们将投资与所在的环境相协调时，这些投资自然会变得联系更紧密。摒除那些有害的、不必要的投机，专注于对双方都有价值和有益的投资。正是无处不在的合作系统，使我们在某一时刻的竞争成为可能。只有如此，我们曾经断开的连接才能重又相连。

THE NATURE OF INVESTING
解码仿生投资

- **自然的法则：**

  局部协调法则

- **转换成投资语言：**

  用“相关、有效、适当”取代“更多、更快、更容易”

- **投资自测维度：**

  它是否使用现成的材料和能源？

  它是否培养合作关系？

  它是否利用周期性过程？

  它是否使用反馈回路？

- **进化中的投资范例：**

  “慢钱”活动和地方性商业联盟

- **投资箴言：**

  找出投资中蕴含的多层次联系

The NATURE of Investing

第 8 章

从机械遵从转向随机而变

Resilient Investment Strategies Through Biomimicry

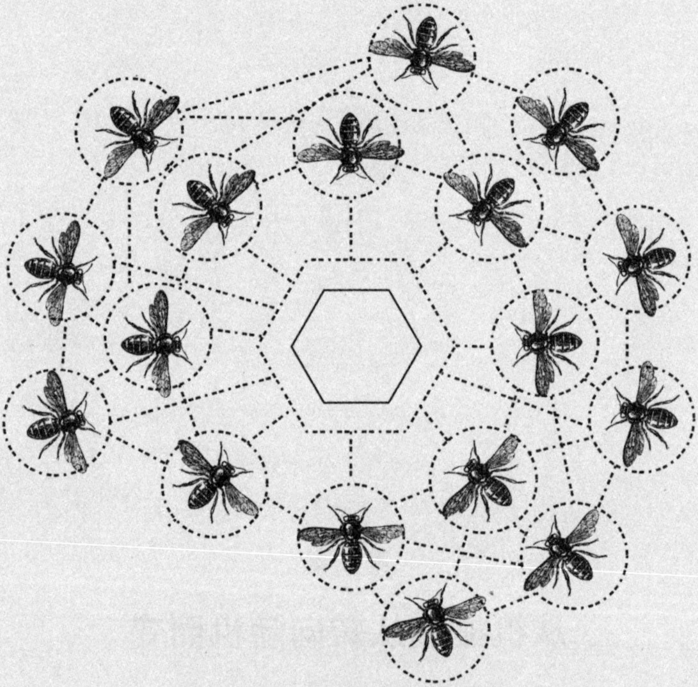

适应不断变化的情况：蜂群

当蜜蜂试图寻找一个新的蜂巢位置时，同样的简单规则用于指导信息收集和决策：每只侦察蜂都在寻找最佳的位置特征，如阳光、安全性和高度。

第 8 章
从机械遵从转向随机而变

“你快要越线了！”一名激动的听众喊道。当时，我刚刚向一大群财务顾问展示了我管理的中盘股基金的业绩。

“什么线？”我有点困惑地问。由于当时（那是 20 世纪 90 年代末）的背景形势是积极的，基金表现良好，整个股市也是如此，因此遇到不高兴的投资者有点不同寻常。我第一个担忧的想法是，他指的是某种道德底线或个人底线，即他不认可该基金的一些持股，或认为我在科技股上投资太多。

“这条线！”他用手指戳了戳一叠文件。原来他指的不是某种限制的象征，而是一条实际意义上的线，即晨星公司图表上的那条线，它将我的基金归纳在中盘股成长型的风格箱里。果然，按照这个图的划分，我的基金正处于“混合型”和“成长型”这两者的边缘。

“如果你越线了，我就得卖掉你的基金，”他瞪大双眼解释道，“因此，不要越线！”由于他的公司有严格的资产配置规定，因此，如果我管理的基金从一个格子跳到了另一个，他就必须卖掉它。

“好吧，我只是买进我发现的最好的中盘股。”我回答道，试图强调我的职责是为股东的利益负责，而不是刻板遵循他手上的图表。他沮丧地转过身去，摇摇头。

这是我第一次意识到，评估工具有自己的生命。它们已经开始影响投资者的实践，并迫使人们适应此道，却不是以一种健康的或人们预期的方式。

适应性法则

对于投资者来说，“适应”是一个模棱两可的概念：一方面，我们希望自己手段灵活，能够随着环境的变化对投资进行调整；另一方面，我们也希望保持投资的一致性和可靠性。适应性法则背后蕴藏的细节在于，它承认我们生活在一个不断变化的世界中，并指出适应不能仅仅依靠一些过去已有的反应，而要重视反应的适当性及反应被触发和应对的方式。合理的适应要求系统的设计和流程在本质上是动态的，而不是静态的。

适应性法则的次级原则如下：

- 通过自我更新保持完整性
- 通过多变性、冗余性和去中心化来赋予抗逆性
- 体现多样性

第一条次级原则“通过自我更新保持完整性”意味着坚持不懈，自强不息。适应性强的生物体都会不断补充能量和资源，在微观和宏观层面上治愈和改善自体系统。比如一棵在暴风雪中失去了一大根枝丫的树，如果它是健康的，那么

来年春天，你就会在那折断的部位附近看到新生的嫩枝。再比如我们自己的身体，身体通过整合各种不同的资源来凝结血液，抵抗感染，并在伤口周围形成新的皮肤和疤痕组织，从而愈合伤口。自我更新是一个保持完整性的过程，而不是在面对变化时拘泥于刻板僵化的形式。

关于第二条次级原则"具体化的抗逆性"，仅仅在理论上具有抗逆性是不够的，这种素质必须通过多变性、冗余性和去中心化的手段来积极地展示和培养。一种被称为裸鳃海蛞蝓的古怪小蛞蝓，向我们展示了为何这些手段是积极和必要的。很明显，蛞蝓是一种脆弱的生物，它们移动缓慢，缺乏保护，似乎是捕食者毫不费力就能吃到的点心。为了保护自己，裸鳃海蛞蝓通常浑身布满极为鲜艳的颜色，意在提醒捕食者小心它们携带的毒性。在这个令人惊叹的适应性展示情景中，裸鳃海蛞蝓的毒性来源与其所处的特定环境直接相关。许多种类的裸鳃海蛞蝓通过从环境中摄入有毒物质，比如水母触须或海葵的刺细胞，来保护自己。摄入毒素的裸鳃海蛞蝓自己不会中毒，而是把毒素传递给潜在的捕食者。其他一些种类的裸鳃海蛞蝓，则不会以鲜艳的颜色示人，而是与自身食物来源所在的环境保持颜色一致。例如，一只以珊瑚为食的裸鳃海蛞蝓会变成珊瑚色，以使攻击者无法看见它。这些对所处局部环境中食物来源的适应行为，使得裸鳃海蛞蝓能够在充满变化（和威胁）的环境中茁壮成长。

如果看一眼海蛞蝓的照片，你就会发现其形态在同一种属范围内所产生的惊人多变性；而海蛞蝓从其他生物身上“借用”毒素的多种机制则显示了一定的冗余性。其针对每一种特定环境进行局部调整的方式则反映了去中心化。多变性、冗余性和去中心化这三个特质，在我们通常追求一致性、效率和集中化的商业情境中往往带有负面的基调。但拥有抗逆性是每个投资者的梦想，因为这是在一系列变动的环境中繁荣兴盛，在各种各样的资源转移和变化纷呈的毗邻存在（其中有的友善，有的则掠夺成性）中茁壮成长的宝贵能力。

第三条次级原则“体现多样性”，乍一看可能与多变性有些雷同。然而，多变性指的是生物体的混合，而多样性指的是为了实现特定功能而存在的形式、流程或系统的混合。在这一语境下，多变性是“物”的混合，而多样性是“理”的混合。在森林中，我们很容易分辨这两者的不同。比如，树木可以通过内部生长、幼苗生长或老根发新枝等不同的方式进行再生，可以利用根系、地理特征或生长结构收集水分。有许多不同的树木（多变性），也有许多实现再生和获取水分的方式（多样性）。

适应性法则包含三个关键概念。

第一，自我更新是一个动态循环的过程。也许多年来阅读女性杂志的习惯让我过度条件反射了，看到“自我更新”，就会想到“抗衰老”或“逆转时光”之类的宣传。这种联想在仿生学的情境下是完全错误的。在这里，自我更新并不意味着回到某种先前的形态，相反，它是用于治愈、改变和改善的工具。这不是对过去的回归，而是前进的动力。

幸运的是，在美容化妆的领域之外，“自我更新”也是一个常见概念。例如，教育和培训是实现自我更新的方式，帮助个体通过补充能量和资源来获得新的知识和能力。企业界最普遍的愿望之一也是成为学习型组织的一员。类似地，巴菲特的长期商业伙伴查理·芒格经常分享他为建立多种“心智模式”（mental model）所做的努力，这些模式使他拥有帮助自己应对各种情况的知识框架。在职业生涯的早期，芒格意识到自我更新的重要性，于是决定每天为自己支付一小时的费用，这样就可以将时间投资在自己感兴趣的项目上，而不是投在别人付钱让他做的项目上。无论是身体上的、情感上的、精神上的，还是智力上的，所有用于自我更新的个人投资都是培养适应能力的方式。

第二，抗逆性具有多种维度。抗逆性是一个经常被混淆的说法，人们认为“抗逆”意味着“反弹”，其实前者的概念比后者要微妙得多。从生物学的角度来说，抗逆性是指在受到干扰时仍保持功能，而不是保留形式，也不是恢复到原始状态。在自然法则中，抗逆性毫无疑问具有多种维度，它包含了多变性、冗余性和去中心化的特质。

对于一片森林来说，这些抗逆性的特质听起来不错。但在许多人类行为中，它们是否值得拥有就不那么明确了。在商业中，“冗余”通常是“浪费”的同义词。事实上，在人力资源领域，一个人“成为冗余”（made redundant），并不意味着他因在适应力方面的贡献而获奖，而是意味着他被解雇了。我们倾向于将抗逆性的这几种主要机制，即多变性、冗余性和去中心化视为效率的敌人。在努力追求效率的过程中，我们可能会降低自身的抗逆性。

第三，多样性是一种资产。在一些组织设置中，这可能很容易理解，但在流程设计中却很少获得认可，因为我们假定标准化才是最好的方法。有一些专业重视多样性，比如飞机安全或核工程，我们希望在飞机着陆或关闭反应堆堆芯方面有多种选择。但这些都是例外，而不是规则。即便如此，我们在这些情况下通常也会选择标准化选项的组合。机制的多样性是标准化的对立面，自亨利·福特时代以来，标准化一直是我们商业实践的标志性特征。当然，标准化可能非常适合具有可预测的工作流程和同质产品的装配线，但我们却错误地将其应用于许多行为中，投资就是一例，因为投资的条件、产品和流程是不断变化的。

适应比对抗更能有效应对风险和不确定性

在商业中，自然的适应性并不总是被接受。但当涉及投资时，它似乎仍然是心照不宣的答案。我们都能认识到不断变化的经济和投资环境所带来的内在风险和不确定性，而适应性（尤其是抗逆性）的品质便代表了在不断变化的环境中发展自身能力的明确方法。

事实上，大多数现代投资组合理论背后的前提是，投资者希望设法控制和降低风险。然而，随着理论被付诸实践，我们越发频繁地使用狭义的风险量化措施，如 β 系数和风险价值（value at risk，VaR），并将其作为更广义、更定性的风险和不确定性概念的代替指标。这种计算的狭隘与其所代表概念的广度和深度之间所体现的不匹配，可能会带来毁灭性的后果。

即使在投资组合理论的这个小小一隅，我们也看到了两个不同的问题层面。第一个是机械的层面：计算本身非常狭隘，每个计算都只关注风险的一个子集。第二个是人的层面：这些数据经常被误用和误解，被用来得出比合理范围更大的关联和结论。

虽然我们的目的是解释和控制风险，但许多风险管理机制只聚焦于非常狭窄的短期措施。这些工具没有改善长期风险管理，也没有提高适应性。相反，它们无意间还削弱了这种适应性：当我们致力于建立日益繁多的结构化方法时，这些方法内在的多变性、多样性和灵活性反而日益弱化。我们选择了僵化刻板而不是迅速反应，希望由更加坚实的结构和流程构成的“城墙”能够抵御投资范围内的风险和不确定性。

我们一直在寻求控制，而不是追求适应性和抗逆性，但完全控制是一个不可能实现的目标。

共同基金与适应性法则的契合度

乍一看，共同基金在投资界似乎属于一种行动迟缓的“生物”。在过去的70多年里，这些产品的结构一直相当稳定，它们也很少像高频交易或对冲基金那样成为头条新闻。但正是这种形式的基本稳定性，使共同基金成为投资实践中被误导的适应性的完美例证。基金本身远不如其所处的生态系统（围绕它们的工具、政策和流程）变化快。

形式上的稳定性也反映了共同基金在功能上的稳定性。在投资生态系统中，共同基金的主要功能无疑是为投资者提供多样化投资。毕竟，共同基金的全部意义在于，投资者将资金聚集在一起，共同分担风险和回报。从自然角度来说，共同基金就像允许投资者投资于整片森林的一小块，而不是只拥有一棵树、一群甲虫或几颗橡子。

适应性法则在基金管理中已经存在了 50 多年。就在 20 世纪 90 年代初，最常见的共同基金类型是“灵活策略”基金（go-anywhere fund）[①]。这种基金的投资组合经理对股东的资金投放有很大的自主权。如果大盘股看起来有吸引力，那么它们就可能成为这种基金持有份额最大的股票。如果基金经理认为小型跨国公司有更多的机会，那么他就可以在那里投资，而不需要额外的许可或外部批准，也不用担心“越界”。

我们来看看共同基金的基本结构是否符合适应性法则的标准：

- 它能适应不断变化的情况吗？它的反应性合适吗？一只基金可以通过将资产从一种持股重新配置到另一种持股的方式进行自我更新，尽管这种应对是否合适，取决于基金经理及其所处环境。
- 它是否通过自我更新来保持完整？基金可以通

① 指投资不受国家、行业、公司规模限制的基金。它属于投资风格比较激进的基金，投资范围之广堪比对冲基金。——编者注

过其持股的多变性、冗余性和去中心化来表现出抗逆性。正如我当初的一位导师所说，“基金管理最棒的一点是，当事情发生变化时，你可以改变自己的持股观点”。

- 它是否体现了多样性？是否重视效能更甚于效率？是的，一只基金可以通过持有多种类型的证券和多种类型的企业来实现多样性。

由此可见，共同基金的基本结构与适应性法则相当一致，如果打分的话，大概能得到 A-。随着共同基金数量的增加，对各类基金加以区分的必要性也与日俱增。一个基本的挑战是基金绝对数量增加所带来的多变性。一位个人投资者可能有望从几十种选择中挑选出一种合理的选择，但如果面对的是几千种选择呢？截至 2014 年底，美国共同基金已超过 8 000 家（1980 年为 564 家）。因此，对基金选择的引导就是一个亟待解决的实际问题，也是一个严重问题。

当时投资者面对的另一个挑战是可变性，也就是说，基金不仅数量繁多（多变性），而且其结果走向也颇为迥异（可变性）。基金投资者不得不在越来越复杂的环境中前行，却没有得到多少可资利用的地图或工具。

随着共同基金数量的激增和结果的分散，一个新的阶段已经呼之欲出：开发相应工具，对所有数据加以整理归纳。基金分析工具的一个早期例子是投资风格箱，由晨星公司首创并推广。投资风格箱的结构是一个简单的九宫格，其纵轴上勾画出小盘股、中盘股和大盘股基金的类别，横轴上则分出价值型、混合型和成长型基金的类别。

以下是对这一投资工具演变的简要回顾：

- 投资风格箱是由晨星公司 1992 年开发的。一开始，它们完全忠于其设计初衷，发挥了自己的作用：按实际持股数据，将混乱的清单上的数千只共同基金直接分门别类。这是一项极受欢迎的服务，有了风格箱，投资者很容易就能分辨出，哪些大盘股基金秘密持有价值 3 亿美元的零售股票，或者哪些价值型基金持有股价很高的生物科技股。
- 风格箱有明确且合理的功能。晨星公司给出建议："划分价值型、混合型和成长型基金之间界限的方式有点武断，基金经理投资各种风格的股票资产也是完全可以接受的。风格箱工具只是为理解基金持股状况提供了一种背景解读，而不是一种约束。”

- 然而，错位的反馈回路开始占据主导地位，风格箱开始以一种意想不到的方式影响决策（正如本章开篇的故事所述）。2003 年发表的一项研究发现，晨星公司评估的变化对资金流动有 13% ～ 30% 的独立异常影响（独立于其他业绩变量的影响）。
- 风格箱已经成为标准化工具，它们越来越多地被用作资产管理的默认组成部分。这是促使目标日期基金（target date fund）[①] 流行的一个因素。目标日期基金是一种自动调整配置的投资组合，它可以根据股东的人生阶段，在不同资产类别之间进行资产转移。在美国，2002 年底，这类基金的资产规模仅不足 500 亿美元，到 2012 年底时却已迅速增长至近 8 000 亿美元。

---

① 一类主要为个人养老投资需求设计的基金品种，成立初期具有较高比例的权益类资产，随着目标日期（通常为预计的退休年份）临近，逐步降低权益类资产的配置比例，逐渐转变为平衡型基金，最后转变为债券型基金。——编者注

于是不经意间，一种最初作为满足需求的手段而颇为有用的工具，开始影响决策制定。在这方面，晨星的风格箱只是一股波及更广泛、影响更深远的大趋势中所涌现的一个例子。当评估一个深受工具影响的共同基金模型时，我们发现其适应性大为降低。

- 它能适应不断变化的情况吗？它的反应性适当吗？基金的授权范围越窄（不管是有意的，还是无意的），它实现适应的机会就越少。
- 它是否通过自我更新来保持完整？基金经理要改变观点变得越来越难了。现在，大多数基金都由委员会和计算机联合管理，这减少了个人发挥创造力和反应能力的机会。
- 它是否体现了抗逆性？是否重视效能更甚于效率？是否包含多样性？同样，一个试图将基金“保持在某个风格箱里”的基金经理显然是大受约束的。

在基金被工具影响的情况下，关于企业业务和产品以及它们是否适合投资的讨论，已经让位给关于跟踪错误、积极押注和投资组合构建的讨论。但后一种讨论很少将这些风险衡量指标与基金的实际投资联系起来，也很少将这些投资与现实世界的情况联系起来。我们试图通过衡量风险来管理风险，在适当的情境中，这可能是一个有益的尝试。然而，我们的衡量却愈发远离世界上的真实活动，所以我们也失去了采取适当行动的能力。我们的投资显然反映了一种管理和最小化风险与不确定性的愿望，但它们也反映了另一种愿望，也就是将这些流程自动化，那样自己就可以不必再考虑流程了。由于每个人都使用同样的工具，因此整个系统的抗逆性自然会削弱。

我们的基金和工具表现出的这种适应不良突显出一个重要的悖论：实现抗逆性的最大条件之一（有机体的多变性），可能恰恰与对投资者缺乏吸引力的条件（结果的可变性）相关。抗逆性系统所暗含的高度离散特征与我们对一致性的渴望，二者该如何调和？

为了厘清这个悖论，区分如下两个不同的因素很重要：风险和不确定性。大多数工具旨在帮助我们理解多变性（构成要素的范围）和管理可变性（结果的范围）。前半部分的目的，即理解多变性，通过用流行的分析方法而得以很好地实现。

可变性，即结果的广度，却更难以理解，甚至更难以管理。可变性有两个组成部分：第一个是风险，即可能性范围已知，但结果不明确；第二个是不确定性，即可能性的范围和结果都未知。风险和不确定性之间的区分在 20 世纪 20 年代由弗兰克·奈特（Frank Knight）① 表述成文，后来由迈克尔·J. 莫布森（Michael J. Mauboussin）② 等人进行了较合理的阐释。我们可以将风险看作结果服从正态分布的问题，而将不确定性看作结果落在一个巨大的、开放的范围内。

风险是一种复杂但井然有序的数学练习，而不确定性则是巨大的未知。试试把书放下，在空中画出它们的形状：风险是一段优美而平稳的弧线；不确定性则是一条不规则波动和摇摆的曲线。

能体会到二者的差异吗？这并不是一种无关痛痒的区别，它们从本质上就是截然不同的两种概念。

---

① 美国经济学家，20 世纪经济学巨擘之一。他在 1921 年出版的《风险、不确定性和利润》（*Risk, Uncertainty and Profit*）一书中，通过对风险和不确定性的区分与描述，较为完整地把信息经济学的思想呈现于现代经济学的殿堂中。——译者注

② 瑞士信贷全球金融策略主管，美国圣塔菲研究所董事会成员。——编者注

以下是难点所在：我们可以无止境地给风险建模，但没有针对不确定性的良好模型，这其实就是不确定性的定义，即它是不可建模的。我们必须承认，这令人心生恐惧。因此，当所使用的风险管理工具集日益膨胀时，我们很容易装作认为它们也在管理不确定性。但其实它们并没有。

更糟糕的是，使用更严格的机制来控制风险，反而破坏了抵御不确定性所需的那些特征：限制基金经理的创造力，导致限制了适应性；创建类似于目标日期基金的“基金中的基金”，导致限制了多样性；加强监管和分销，导致加强了集中化。

我们试图控制风险的努力，却逐渐与建立一个具有适应性和抗逆性的系统这一目标背道而驰。

在调查投资界如今的情势时，我看到越来越多“不拘一箱”（unboxed）的投资方式如雨后春笋般涌现，这令我颇受鼓舞。其中一些发生在社会投资、影响力投资和耐心资本（patient capital）[①] 领域。在这些领域，慈善和投资间的界限

① 长期投资资本的另一种说法，泛指对风险有较高承受力且对资本回报有着较长期限展望的资金。——译者注

正越来越模糊。比如睿智基金（Acumen Fund）这样的机构用慈善资金进行“首次亏损”（first loss）投资，使得更多传统投资者更容易与创新型社会企业建立合作关系。许多家族基金会已经决定，将所有的资产用于完成它们的使命，而不仅仅是每年捐赠的 5%。关于“全方位”（full-spectrum）投资的讨论，已经将焦点从使用什么工具（即选择什么风格箱）转移到寻求什么结果（即希望通过自己的努力打造什么样的世界）。

观察每年秋天在旧金山举行的社会资本市场会议[①]，可以让人感受到这些开放的投资方式所迸发的勃勃生机，当然也有一点混乱。其涉及的主题从性别视角投资到海洋生态保护，从城市创新到与原住民社区的伙伴关系，可谓不一而足。简而言之，就是主题涉及所有在 401（K）条款[②]表格上可能找不到的东西。在一次一个小时的短会中，我遇到了仿生学课上的朋友、一个自我成长小组、一个妇女研究项目、一个当地食品倡导组织和一个不错的传统风险投资公司。我的导师

① 全球最大最多样化的社会影响力投资论坛。——译者注

② 美国的一种企业年金制度，企业为员工设立专门账户，然后双方共同按一定比例定期存入资金，同时员工可将这笔资金用于投资不同的证券投资组合。——译者注

苏珊·戴维斯（Susan Davis）总是建议：要开始一场革命，你就应该举办一场更好的聚会，而像社会资本市场会议这样的聚会肯定比当今大多数传统的华尔街会议更有趣。

对影响力投资和其他创新投资方法的一种批评意见是，它们有时看起来像是只对超级富豪开放的俱乐部，因为各种奇怪的法律会“保护”其他人以使他们的资金不承担太多风险，结果他们反而无法进行这类投资。值得庆幸的是，许多人并没有被这套繁文缛节吓倒，而是努力寻找不拘一格的“箱外”投资的方法，只要其机制合理便可。“转型运动”（Transition Movement）正在帮助当地社区投资于一个无碳的未来。美国各地的农贸市场和社区农业项目正在经历创纪录的增长。人们交换的礼物越来越多地包括自由贸易商品、慈善捐赠或个人经验，而不是大量生产的物品。这些活动都无法纳入晨星公司的风格箱，而这正是问题的关键。

如何实现适应型投资

我们在投资组合管理中对抗逆性的追求，已经被风险管理所提供的部分慰藉取代，只可惜后者往往只是虚假的自我安慰。然而，即使已经误入歧途，我们也仍然可以寻根溯源，回归有益的起点，并重新走上一条更具适应性的道路。然后，我们就可以如同新发的嫩枝，沿着一条不同的、更具抗逆性的实践路径不断前进。

在这条更具抗逆性的道路上，第一步是重新关注我们试图回答的问题，并将其意义扩展到更高层次。我们不需要问，为什么某只共同基金的跟踪误差在最近一个季度改变了 0.1，而需要问，我们是否正在构建具备适应性和抗逆性的产品和系统。

第二步，也是最重要的一步，是我们需要考虑如何为不确定性做准备，并承认这种准备可能包括短期内看起来效率低下甚至有风险的事物。为不确定性做准备，需要与本章讨论的所有适应性法则相联系，即需要我们投资于自我更新、多变性、冗余性、去中心化和多样性。这种准备是惠及后代的，就像“前人种树，后人乘凉”，又像是为了抵御可能到来的干旱而补种抗旱植物，即使本周刚下过雨，而干旱的风险看似还远在天边。

一旦我们在投资的原点重新建立这种抗逆性导向，其他层次的机会就会纷纷显现出来。例如，我们的投资组合应该具有适应性和抗逆性，这是肯定的，但要实现这一点，方法不正是投资于那些本身便具有适应性和抗逆性的企业实体吗？这种投资相当于播撒新种子，试种新作物。当然，有些尝试会失败，但也有些会茁壮成长。

带着这个问题，我们可以将思维扩展到报表上的一堆箱型图和饼状图之外。构成这些图表的主要是大型机构的公共证券，有时还额外包括黄金或房地产。一旦认真考虑适应性和抗逆性，我们所关注的问题就不再是大盘股的表现是否会优于小盘股，或者市政债券的表现是否会优于公债。而真正要关注的问题将会是，我们的投资是否在支持那些自身具有抗逆性的实体，以及那些继而以自身行为对世间万物的抗逆性做出贡献的实体。我所见过的资产配置饼状图都没有反映出这一点，持有一只基金中的基金也不是对这个问题的回答。

多年以来，许多投资工具和流程都植根于现代投资组合理论。这一理论反映了投资者对风险加以理解、衡量和控制的明确愿望。但就像共同基金工具一样，这一理论也有一些重大缺陷。最重要的是，它窄化了风险的定义。这使得投资者很容易误解各种计算结果，并认为其意义比实际所代表的要大得多。

运用生命法则有助于我们重新关注更重大、更基本的问题，以及更重大、更基本的功能。这反过来又使我们能够重新使用流程、程序和产品，用诸如适应性和抗逆性等基本概念对其进行重组。所以，与其问“这只基金隶属于晨星公司的哪个风格箱”或是“这个投资组合的夏普比率[①]是多少”，不如问“这种方法是否具有适应性”“它是否展示出多变性、冗余性和去中心化的特点”“在形式如何与功能相匹配的问题上，它是否体现了多样性”。

适应性法则的核心是“适当”，即对变化的情况做出适当的反应。既然我们已经阐释了目前的投资在这一法则方面所面临的一些挑战，那么什么才是“适当的反应”呢?

- 仔细思考风险和不确定性之间的区别。在真正需要关注的因素是不确定性的情况下，一定要

① 又称夏普指数，是一种基金绩效评价标准化指标。——译者注

避免依赖传统的风险工具。

- 使用数据作为参考的信息，而不是作为行动的指南。工具只是决策过程的输入因素，而不是决策结果的决定因素。
- 规划反馈回路，以匹配预期的功能。搜寻数据，以证明投资与适应性法则一致。所衡量的指标应该与投资的目的有关，应该随着时间的推移而更新，也应该与适当的信号接收器和反应相配合。
- 警惕“持续交易”。降低短期风险的方法可能很诱人，但它们也可能破坏长期抗逆性。尽量不要用一种投资交换另一种。
- 投资于多变性、冗余性、去中心化和多样性。就像农民通过重新种植多种类作物、使用天然防风林和减少化学农药处理来提升抗灾能力一样，我们也可以对适应性和抗逆性的根源进行再投资，即投资于多变性、冗余性、去中心化和多样性。

如此，我们的流程便可以从呆滞僵化转向积极反应，应对也可以从机械刻板转向随机而变。

THE NATURE OF INVESTING

解码仿生投资

- **自然的法则：**

  适应性法则

- **转换成投资语言：**

  适应比对抗更能有效应对风险和不确定性

- **投资自测维度：**

  它能适应不断变化的情况吗？它的反应性合适吗？

  它是否通过自我更新来保持完整？

  它是否体现了多样性？是否重视效能更甚于效率？

- **进化中的投资范例：**

  “首次亏损”投资和“全方位”投资

- **投资箴言：**

  针对变化的情况做出适当的反应

The NATURE of Investing

第9章

从关注短期转向拥抱长期

Resilient Investment Strategies Through Biomimicry

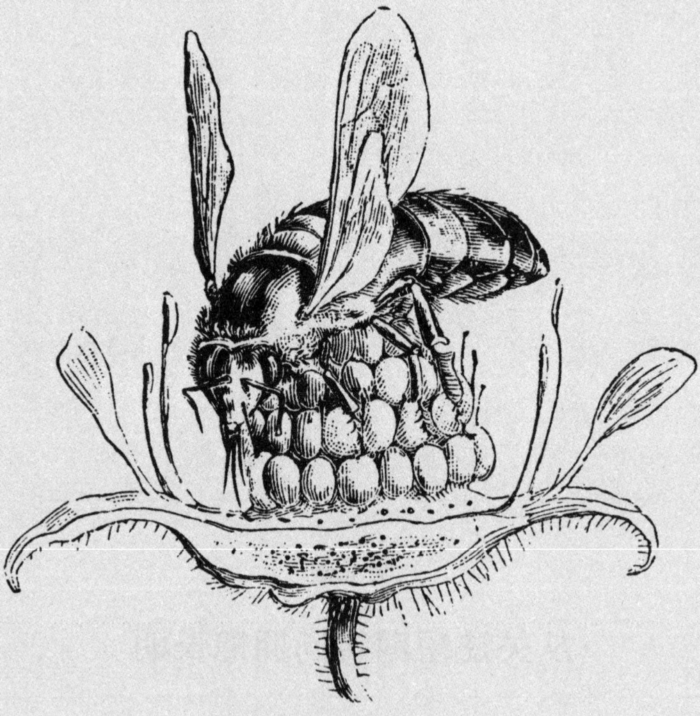

进化以求生存：传粉者

花蜜由蕨类植物进化而来，它唯一的用途就是吸引传粉者。同样，蜜蜂也进化成了最优的花蜜收集者——一只体重 90 毫克的蜜蜂可以储存 40 毫克的花蜜。

那是一个艰难的早晨。我们公司持有我推荐的一只股票数亿美元的股份，可该上市公司的季度业绩没有达到预期。它的股价下跌超过 10%，所以我们损失了数千万美元。

该公司出现短期内的混乱是有合理原因的，而且大多数都是暂时性的原因，比如这里的期限推迟、那里的成本上涨。当然，每个分析师都会想，公司本可以做些什么来更好地预见这些问题。但我仔细分析了结果后，认为该公司业务前景依然光明，因此建议不仅要持有这只股票，还要买入更多。这也是我向公司内规模最大的基金的经理传达的信息，他持有这只股票的仓位最高。

尽管股价下跌，但他既不激动，也不生气，因为知道季度业绩总是不稳定的，而且我们曾多次讨论过这家公司。此外，每个投资者最终总会学会如何调节自己的情绪，以区分普通的“噪声”和更严重的问题。在我们的讨论结束时，他叹了口气，总结道：“看，我理解短期问题，我不会卖掉股票。但在这样一个季度之后，当你断言长期前景时要小心。所谓长期也不过是一连串短期罢了。”

这是真的吗？长期真的只是一连串短期而已吗？生命的法则会揭示这个问题的答案，以及更多内容。

进化法则

在华尔街，“时间段”是个难以捉摸的问题。尽管许多投资者的投资方向是长期的，但我们却不断地被拉回到日复一日、分秒必争的衡量之中，这已经成了投资文化的一部分。1998 年，早在互联网泡沫破灭之前，我的一位同事就大胆地抛售了他持有的网络股。因为他几乎每天都被警告说：“市场非理性的持续时间可能超过你的偿付能力所能支撑的时间。”结果，像 Webvan 和 eToys 这样的股票[①]，其价格上涨的每一天，对于我的同事来说都像无穷无尽的折磨，无论是从他管理的基金的糟糕表现来看，还是从看着不断飙升的股价给他造成的心理创伤来看，均是如此。

同一时期，另一位同事将显示市场行情的超大屏幕从办公桌前面搬到了办公桌后面，这样他就可以在一天的大部分时间里背对着它工作。我很喜欢这个主意，迫不及待地尝试了一下，但几天后又不得不把屏幕放回原处，因为频繁转身导致我背部酸痛不已。我一直在椅子上扭来转去，仿佛被那闪烁的红色和绿色数字催眠了一样。尽管我认为自己的决定是长期的，但我的行动，至少业绩监控方面的行动，显然是超短期的。

进化法则要求我们努力拥抱真正的长期观点，但对于那些受到短期主义冲击的投资者来说，这却意味着无比的挣扎与煎熬。不过，我所认识的那些最出色的投资者完全接受了这一法则。他们总是努力将新想法融入自身的投资实践中，

① 两者均为在当时创下惊人涨幅的网络股，但这两家上市公司也都在互联网泡沫破灭后宣告破产。——译者注

朝着长期的方向前进，即使眼前的问题也需要关注。“长期是一连串短期”，这话没错，但仅有短期计划和短浅的目光，并不会得出一个成功的、具备抗逆性的长期战略。

进化法则的次级原则如下：

- 复制有效元素
- 整合意外事件
- 重组信息

可以说，在进化法则之下，这三条次级原则共同构成了抗逆性策略。

第一条次级原则“复制有效元素”有点像祖父母辈的座右铭“如果东西没坏，就不要去修”。我们来看看“鲎”这种生物，它看起来就像是恐龙时代的孑遗，部分原因是这种生物一直在复制自己身上那些行之有效的生存手段，如坚硬的外壳、多只复眼，以及用于导航的带刺的“角”。这些特征之所以存在（并持续存在）了大约 1 亿 5 000 万年，是因为它们确实管用。

第二条次级原则是整合意外事件。复制有效元素的对立面，就是融入新元素，这需要整合意外事件。当出现新方法的选择时，应对其加以探究，如果这种方法可以成功，就应付诸实践。再举个例子，北美野兔有巨大的后足和像雪鞋一样的爪子，非常适合在积雪环境中巡行。这种足部第一次出现在北美野兔身上，源于一种突变，一种恰好特别适应周围环境的突变。而另一种突变让它们可以改变毛色，冬天变成亮白色，春天变成棕灰色，以便更好地融入周围环境。随着时间的推移，拥有这些突变的北美野兔会更适应环境，于是突变逐渐“锁定”，成为北美野兔的基本特征。而如今，由于栖息地正在发生变化，一些研究表明，这些突变已不再对北美野兔有利。它们将如何在短期内持续调整，如何在中期内努力适应并在长期内实现进化，这些都还有待观察。

第三条次级原则是重组信息。重组信息的能力是复制有效元素和整合意外事件之间的关键衔接。从生物学上讲，这种重组大多是通过繁殖实现的。在繁殖过程中，不管是异花授粉，还是基因变异，均有可能发生信息重组。猛犸象在漫长的岁月中逐渐演变为现代大象的过程是信息重组的一个绝佳例证。随着时间的推移，这种动物的表皮毛发越来越少，因为它们的家园气候越来越温暖。

对于人类的组织和流程，这些生物学原则也可引出三个重要的概念。

第一个重要概念是具体化问题。为了让进化发挥作用，新的想法不能仅仅停留于想法，而要完全融入流程和系统中。多年来，我一直很推崇写投资日记的主意。在日记中，你可以留出时间来记录重要事件，以及自己的分析、情绪和决定。然而，在那些年的大部分时间里，我所做的一切仅限于对这个主意表示推崇。直到我真正开始着手保留这样一份记录，才发现自己的偏见和分析倾向均有迹可循。只是在那里空想，或是承认这是个好主意，并不会对自己有所助益。只有将这些想法付诸行动，才能最终产生积极的影响。

第二个重要概念是成功的定义。衡量成功的自然标准通常很容易用来做评估，即一个生物体如果能存活下来，那么它就是成功的。我们很容易将这一观念直接转化到投资行为中，也就是说，我们对新主意或新方法有一种“不成功便成仁”的检验原则。但这有点太省事了，特别是在衡量时间通常很短的时候。事实上，为了产生成功的长期进化，我们需要接受这一过程中极高的失败率。大多数突变个体都是短命的，因为这些突变没有提供任何益处，事实上，有时它们会阻碍而不是帮助个体生存。因此，我们需要在投资行为中接受“体面失败”机制，这种方式鼓励尝试新想法，而不会过于重视其早期充满风险的结果。

例如，富达麦哲伦基金的传奇经理彼得·林奇经常提到他所持有的数百种小规模股份组成的“二军”（farm team）[①]。这些股票份额很少，其中任何一只都不会对投资组合产生太大的好坏影响。但将它们混合在一起，则可以对这些新想法加以监控，与更大规模的持股进行对比，并通常可以使其“经受检验”。如果它们成功了，就可以扩大到对投资组合产生真正积极影响的规模；即使它们失败了，付出的代价也不会太高。虽然彼得·林奇没有如此描述，但这种做法无疑是将进化法则应用于投资的一个绝佳例子。

然而，在投资中运用这种进化法则是相对罕见的行为，因为恐惧会令其尝试戛然而止。格兰瑟姆-梅奥范奥特洛公司（Grantham，Mayo，Van Otterloo & Co，GMO）

① 原本泛指职业棒球队或其他团队中的预备队，此处指投资组合中所占份额较少、影响不大但可作为补充部分的持股。——编者注

联合创始人兼首席投资策略师杰里米·格兰瑟姆（Jeremy Grantham）经常指出："投资行业的核心真相是，投资行为是由职业风险驱动的……你永远不要自己犯错。"这种非常有力而又符合人性的投资因素，将个人的生存置于有原则的长期思考之上。在某些方面，这是最符合"进化以求生存"法则的方法，即专注于生存。但作为投资者，专注于短期存活往往会带来适得其反的后果，即削弱长期生存的基础。因此，在适当的时间框架内定义成功，就是这个拼图游戏中难以获取但又必不可少的那块碎片。

第三个重要概念是开放系统与封闭系统。进化法则在这一概念中也有举足轻重的作用。对于许多投资机构来说，专营方式的吸引力很大。谁不想有一套专属交易系统或一大堆拥有自主产权的研究可供利用呢？但"进化以求生存"的法则意味着，我们需要对这种尊重独占性和排他性的观念加以三思。为了实现有效进化，我们需要确保新思想的持续传播，而一个封闭的系统根本无法提供足够的新颖性。如果没有双向流动，那么即使一个封闭的团队可以引入大量外部数据和想法，其所能带来的也只有不断的支出而已，因为缺乏更深层次的交流。为了获得持久的成功，我们需要真正的交流，而不仅仅是付费的数据传输。尽管这是一个令人不安的转变，但许多投资机构需要从专营的、专注于内部的思维模式转变为更开放、更创新的思维模式，即从因循维护转为改进更新。

在真正长期的、进化的情境中思考投资

如前文所述，在真正长期的、进化的情境中思考金融和投资，可能会很困难。有时，甚至连考虑下一个季度之后将发生什么，都让人感觉像是在做一件不合时宜的事情。然而，时间段在自然界中也是得到精确校准的。比如，一只老鼠在顷刻之间就被蛇捕获；一棵苹果树因开花时间晚了几天而无法达到最佳授粉效果。自然会平衡短期和长期，就像成功的投资者一样。

在自然界和投资界，最重要的事是跨越所有的时间框架和对各种不同环境的适应与调整。事实上，在我们归纳的六条自然法则中，就有三条与调整有关，只是它们对应不同的时间维度。“局部协调”是一个即时概念，专注于在给定的时间点适应当下的环境；“适应不断变化的情况”将时间范

围拉长到中期，解释如何在周围的环境变化时实现最大繁荣；“进化以求生存”则是三者中时间跨度最长的，其聚焦于多个世代的变化和生存。

这三条法则都涉及应对变化环境的策略，并为投资者提供了重要的指南。谈及进化，投资者面临的基本问题是深刻的：成功的构成因素是什么？如何应对众多必然经历的微小失败，并从中发现那些将有利于长期生存的因素？如何才能让新的信息不是浮于表面，而是深深铭刻于投资流程的“DNA”中？如何才能创建一个强健、独特而又足够开放的系统，来实现真正的交换？

美元与进化法则的契合度

交换是长期发展的核心，在投资活动中有许多形式的交换。比如，股票交易、信息交换、财富交换，以及更多与他人联系和合作的交流。其中有一种交换形式，即现代货币的使用。它是如此普遍，以至于我们很少停下来对其进行深入思考。

关于美元，有许多吸引人而影响重大的争论。比如，一些人主张回归金本位或其他与有形资产挂钩的价值度量，另一些人则高度关注货币政策或美元、赤字和债务之间的联系。当然，这些都是重大问题，但为了便于分析，我们将研究范围缩小到一个简单而具体的对象，即对美元的主要功能之一——“作为一种交换媒介”进行考量。

让我们看看美元作为交换媒介是如何随着时间演变的。以下是对交换历史的扼要演绎：

- 以货易货，直接交换服务：“如果你帮我喂猪，我就给你挤牛奶。”
- 以货易货，直接交换货物：“我用两头猪换你的一头奶牛。”
- 以商品作为货币：“我用一大堆盐来换你的一头奶牛，然后你可以用这堆盐换另一个人的两头猪。”
- 以金属币作为货币：“谢天谢地，我们不用再拖着盐桶到处走了！给你一袋金币，作为向你买奶牛的款项。”

- 使用纸币："更方便了！这是一个价值承诺，用来交换你的奶牛。"

随着这种演变的发生，交换媒介的几个明显优势突显出来了：第一，越来越多的人能够相互联系，比如使用商品作为货币时，奶牛的主人不需要认识猪的主人就可以进行交易；第二，人们可以随身携带盐（或硬币、纸币），而不是在身后拉着一车猪作为交换媒介；第三，人们可以跨越更长的距离、更长的时间范围与更多的人进行贸易。

这种使用范围的演变还涉及信任的转让。人们可以不直接信任猪的品质或其主人的诚实，而将货币作为交换媒介，就价值达成一致，即信任货币，而不是信任身边的人或手上的商品。有趣的是，随着货币渗透到以前依赖直接联系的经济领域，这种信任循环不再是单向的。人们对金钱的使用方法也开始演变，通过使用金钱进行间接交易，如家政补贴、销货款、礼券、小费和食品券等。这些应用将金钱与特定种类的可信任的社会关系联系了起来。

人们甚至已经不再使用纸币，而是使用电子货币。只有亲自到银行去才能取到纸币，从而进行消费，这一点曾经似乎是天经地义、亘古不变的。但在过去几十年里，货币的电子化真的发生了。从进化的角度来说，这只是一眨眼的工夫。而随着电子金融形式的加速发展，人们对金融机构的信任度降低。根据爱德曼国际公关公司（Edelman Public Relations Worldwide）[①]信任度调查报告的数据，金融业是全球最不受信任的行业。当然，人们对金融业的信任度下降有许多看似合理且显而易见的原因，但其中部分原因可能恰恰是对美元的高度信任。当人们对货币的信任度很高时，或许对机构的信任在某种程度上就不那么重要了。

奇怪的是，作为货币最新演变形式之一的比特币，其原始文件中却包括一项“不信任”声明，声明宣称：“我们需要的是一个基于密钥证明而不是信任的电子支付系统，允许任何两方在不需要可信的第三方的情况下彼此进行交易。”这种对货币的信任演变是这个拼图谜题的关键部分。那么，我们是需要消除信任的货币，还是需要信任更合理的货币？

① 一家成立于 1952 年的老牌公关公司，提供公关咨询服务，总部在美国，业务遍及北美、欧洲、亚洲等主要市场，每年会发布信任度报告，如《2020 年爱德曼信任度调查中国报告》。——编者注

信任通常被认为是一种以人为中心的品质，但其对等物在整个自然系统中也普遍存在。在大自然中，我们所认为的信任，大多是由有效功能、已证实的互惠共生现象和长期的功能进化所带来的。当我们将目光放得更加长远时，就会发现更广泛的问题，并揭示出更具广度的假设。我们认为美元是一种静止的、永久的力量，而事实上，它只以目前的形式存在了几十年。

考虑到美元功能的快速演变，也就难怪公众的注意力都集中在这些扩展功能和它们是否合适的问题上了。我们是如何又为何以当前这种方式使用美元这种特殊的经济有机体的？对这些问题的质疑无疑至关重要。但同样重要的是，要将这些问题置于更长期的演变背景中去思考。美元的核心功能是作为一种直接的交换媒介和价值储存手段。现在，让我们来考虑一下美元的功能与进化法则的契合程度：

- 它是否复制了有效的元素？是的，美元建立在早期交换机制的基础上，并继续履行其基本功能。
- 它是否整合了意外事件？整合得相当不错。长期以来，美元在不同的环境中扮演了各种不同且不断演变的角色。

- 它是否重组了信息？随着时间的推移，美元已经吸纳了从政策的变化到其他周边货币的变化在内的很多信息。这与生物授粉和繁殖过程并不完全相同，但在较长的时间段里，美元已经与许多其他货币有机体进行过接触，并不断进化，以保持其整体功能。

在此基础上，美元看起来相当稳健（没有双关语的意思），如果打分的话，肯定能得一个 B。然而，它不再只是一种交换媒介。我们来看看美元在过去的一个世纪里是如何演变的。

最近几十年的一项快速调查显示，美元已经演变出了各种功能，而不仅仅是一种（基本）本土的交换媒介。在其演变早期，美元的功能扩展到作为跨境交换媒介；后来，又被作为全球交换媒介。而到了更近的时代，美元已经成为一种货币政策的工具、一种国际储备货币，以及一种管理政治和经济国际关系的手段。

以下是近几十年来美元功能扩展的简要小结：

- 美元在越来越广泛的基础上，仍然发挥着其早期作为一种交换媒介的作用。
- 美元被当作一种干预手段，由美国中央银行加以买卖，并被用作货币政策的工具。它被用于马歇尔计划和道奇路线[①]等项目，为美国出口提供资金，用于第二次世界大战后的海外重建。
- 美元越来越多地成为全球合同的默认货币，被用作售货时开列票据的方式，甚至在与美国没有联系的贸易中也是如此。
- 美元被用来确定其他国家货币和许多替代货币的汇率，成为其他货币价值挂钩的一种手段。
- 鉴于其价值存储作用，以美元计价的资产被私人机构持有。在这些机构中，美元是一种存入和持有储备金的手段。

至关重要的是，尽管美元的功能不断演变，但当 1971 年金本位被废除时，美元与其他价值储存手段的联系就画

① 马歇尔计划（Marshall Plan）是美国在第二次世界大战后对欧洲进行经济援助与重建的计划，而道奇路线（Dodge Line）是美国在第二次世界大战后对日本进行经济扶持的计划。——译者注

上了句号。从那时起，美元发挥了越来越广泛的作用，其对信任的依赖也越来越强。支撑货币价值的贵金属已不复存在，然而当信任度降低时，支撑货币价值可能是至关重要的。

说完上述彼此并不协调的使用目的，我们再来探究一下美元是否与进化法则相吻合。

- 它是否复制了有效的元素？嗯，我们继续使用美元作为一种有效交换媒介的功能。事实上，这种功能已经扩大了。我们本可以演化出新的、不同的工具，却将除交换媒介以外其他机制的失败都归咎于美元。最终，这种过于沉重的负担可能会反过来破坏美元作为基本交换媒介的主要功能。
- 它是否整合了意外事件？无论何种机制，当我们期望它具备多种不同的功能时，要在其某个领域加入设计之外的功能，而又不破坏其他领域的平衡，将变得愈发艰难。
- 它是否重组了信息？因为在美国只有一种国家货币（并且在全球范围内使用的货币也日益

> 集中于美元），所以很少有机会进行“异花授粉”，即从外部引入新功能。这是一种严重的系统性风险。

虽然自然系统确实会展示多功能设计，但当涉及美元的多种用途时，也许我们已经发现了多功能的局限性。当美国的工业产出占据全球贸易领域的大部分时，美元作为默认货币可能还算是有道理的。然而，现在美国贸易输出只占全球的 20% 左右，美元却仍然是主要的国际货币。这种不匹配似乎不太可能长久持续下去。我们对这种单一形式的货币提出了越来越多的要求，这反而剥夺了其他形式和机制承担美元部分功能负担的机会。

尽管我们不断扩展的期望可能会让美元不堪重负，但世界上也有很多具备交换功能的替代品。其中，比特币备受关注，但其实我们已经在不经意间使用了多种形式的替代电子货币。比如礼品卡、航空里程数、你在咖啡店刷的积分优惠卡等，这些都是电子货币。

然而，当今最有吸引力的替代货币之一却并不是由互联网或花哨的密码学实现的，而是由已经存在了 75 年以上的

“经济圈协作组织”（Wirtschaftsring-Genossenschaft，WIR）提供的。WIR 在 20 世纪 30 年代大萧条最严重的时期成立于苏黎世，它是一个有组织的物物交易系统，服务对象不是个人，而是企业。其价值与瑞士法郎挂钩，但 WIR 的法郎不能兑换，这会驱动它们在体系内流通。WIR 系统只占瑞士经济的一小部分，远低于该国 GDP 的 1%，但由于其存在反周期效应，因此已被证明能提供与其规模不成比例的稳定力量。简而言之，当其他金融集团紧缩开支时，WIR 银行往往更为活跃。

与比特币宣言截然不同，WIR 创始人的座右铭是：“自由交换商品和服务，不剥削压榨我们的同胞，不受政府胁迫。”因而 WIR 的初衷是建立一套独立的、基于信任的系统。

从巴西到伯克郡（Berkshire），世界各地都有坚挺的本地货币。而且，其他交换商品和服务的方式也日渐增多，比如 Freecycle① 和 TaskRabbit②。也许最令人鼓舞的是，更新的

① 一个非营利性的旧物交换与出让平台。——译者注

② 也被译为“跑腿兔”，是一个零工发布与匹配平台。——译者注

技术平台使这种交换成为可能，其规模既有广度，又有深度。像爱彼迎和 Buzzcar[①] 这样的企业让共享经济超越了实体距离的限制。

Zipcar 和 Buzzcar 的创始人罗宾·蔡斯（Robin Chase）指出，这些模式的快速增长得益于几个关键因素。第一，在某些圈子中存在巨大的能力过剩，而在其他圈子中则有巨大的需求。汽车是这种能力过剩最明显的例子之一，但电动工具、多余的卧室，甚至空闲时间，都有类似的能力动态差。第二，存在一个对等合作者的网络，个人是系统的积极参与者，而不仅仅是被动的消费者。第三，存在技术平台来促成所有需要的配对、验证和技术专长。所有这些模式都依赖于易于访问的平台，如 Skype、维基百科、YouTube 等。这些平台使得过剩的能力得到了更有效的部署，无论这种能力是某种硬件还是主观的想法。

这些新的交换形式体现了进化法则，它们拥抱变化，同时也给出了一定的转圜空间，以包容微小的失败，从而实现整个系统的不断完善。它们本质上是开放、透明的模式，而

① 与后文的“Zipcar”均为共享汽车租赁平台。——译者注

信任正是通过这一模式实现的。从进化的角度来看，这些进展就是在复制有效元素的同时也集成了新的特性、功能和能力。

如何实现进化型投资

只依赖一种货币来履行如此多的功能，导致出现了一种固有的脆弱和不堪重负的局面。除了美国联邦储备系统主席或者美国财政部长，其他人都不太可能做出有关美元命运的重大决定。尽管如此，这个例子还是给我们带来了一些关于如何进行投资的有益指导。

首先，审视自身的意图是否能够具体化，抑或是否仅仅是个好想法。自己的投资是否“说到做到”？无论目标是稳定的红利收入、切实的社区利益，还是负责任的消费者选择，即使不能总是完全评估结果，但只要明确了解自己是否做到“所行便是所愿”，就能有所助益。

其次，明晰自己对成功的看法，多关注那些无法简单用金钱或百分比衡量的独创指标。在进化的语境中，成功通常与生存同义。投资怎样才算成功？一辆时髦花哨的新车？一笔可以供孙子上大学的专款？在城镇进行的土地开发中挽救一个农场？一次渴望已久的旅行？还是掌握一种乐器的演奏？在意识到世事并不总如自己所愿的情况下，如何温和地实现自我“突变”并尝试新的变化？该如何帮助那些成功的“突变”持续长存？

最后，留意自己所接触的系统是开放的，还是封闭的。当听到“开放系统”一词时，我的脑海中仍然经常浮现“不安全”或“不可靠”等质疑之词。我总有一种把东西锁进保险箱的冲动。但开放系统的特点就是开放、允许迭代、允许外部输入、允许良性的复原和新元素的结合。我认为美国的长期历史正是开放系统的一个最出色的例证。美国之所以繁荣兴盛，在很大程度上就是因为不断有新人、新思想和新行为融入其中。

将这种进化法则运用到自己的投资中，我会问自己，经过一段时间后，这种投资可能会发生怎样的变化？它是否足够灵活、可以实现自身进化，还是必须由我来做调整？例如，30 年期国库券是一个封闭系统，它的设计预先决定了投资结构和持续时间。如果它正好符合我们的需求，那很好；但如果它的投资过于僵化，无论是在形式、功能方面，还是在理念方面过于僵化，都会让我们在时代发生变化时措手不及。

我们该如何考虑投资的长期演变？

- 明确投资成功的要素。
- 警惕赋予某种类型的投资太多功能。例如，所有赠与类的投资都不应该流于仅给慈善机构开支票。除了给钱，我们也可以投入时间，或是投资于负责任的盈利实体，还可以寄望于用消耗的美元构建一个更公平的世界。
- 允许多种“货币”共存，即允许不同的投资形式、不同的投资理由和不同的投资机构共存。也就是说，不同的“什么”“为什么”和“怎么做”可共存。
- 以传播和共享的心态进行投资。时刻注意投资的开放性。封闭系统因其僵化而看似稳定，但当条件变化时，这通常只是虚假的慰藉。

当我们遵循合理的进化法则时，就可以确保自身存续，并通过开放系统来促进理念的传播和进化。由此，我们的投资就可以从静态转向动态，从一潭死水变为不腐的流水。

THE NATURE OF INVESTING

解码仿生投资

- **自然的法则：**

  进化法则

- **转换成投资语言：**

  在真正长期的、进化的情境中思考投资

- **投资自测维度：**

  它是否复制了有效的元素？

  它是否整合了意外事件？

  它是否重组了信息？

- **进化中的投资范例：**

  经济圈协作组织和坚挺的本地货币

- **投资箴言：**

  以开放性实现长期性

Resilient Investment Strategies Through Biomimicry

The NATURE of Investing

第三部分

以自然为本，打造强韧可持续的投资组合

拥抱看似混乱的、多维度的复杂性，才能获得更大的收益，甚至还有更多的乐趣。

The NATURE of Investing

第 10 章

仿生投资学的抗逆、再生与重连

Resilient Investment Strategies Through Biomimicry

这是一个值得我们全心投入、全神贯注、全力参与的系统，它是我们自己创造的。在创造过程中，大自然是我们最珍贵的向导。这才是“满仓投资”的真正含义，是真正的投资之道，也是“投资的本质”。

第 10 章
仿生投资学的抗逆、再生与重连

把自然作为根本的投资框架并不是浪漫举动，而只是正确之事。我们所采取的狭隘、僵化的方法在某些时刻确实能起到某些作用，但这些时刻转瞬即逝，这些作用也微不足道。这种错误的线性观点在智力层面上是懒惰的、无益的，甚至是了无趣味的。凭借我们获取的所有资源、得到的所有馈赠，我们可以做得更好，也有责任做得更好。这其中蕴藏着一个最大的秘密：拥抱看似混乱的、多维度的复杂性，才能获得更大收益，甚至还能获得更多乐趣。

弥合金融系统的三大裂缝

本书探索了许多来自金融界的翔实例子，提出了一长串挑战。不过，如果我们不那么关注细枝末节，而是从大局着眼，就会看到真正直接贯穿金融系统基石的三条裂缝。弥合这三条裂缝，就能使我们回归投资的本质，建立一套相互联系的、服务于社区乃至我们所在星球的有益的金融生态系统。

第一条裂缝是我们断开了投资与现实世界的联系。自动化分析和交易、外包专业知识、层层叠叠的合成产品，以及不断的复杂化，确实提高了效率，并创造了某些新机会。但这些效率大多是肤浅的，只局限于速度和直接成本。而这些所谓的机会大多转瞬即逝，短期内似乎能带来卓越业绩，但长期来看很快就会陷入亏损。在所有投资形式之中重新建立联系，这是参与型投资者的首要任务。

第二条裂缝在于我们以一种错误的、不必要的方式狭隘化了自己的视角。我们以为投资只是在财务报表上列出的项目，而实际上，我们的每一个行动、每一个决定、花的每一块钱都是在投资。我们认为利润和成本只是财务报表上显示的数字，而忘记了会计其实是我们自己发明的。这些数字只是工具，并非事实。每一天、每一秒甚至每一微秒，我们都在检验数据，只是因为这样做就可以不再对尚未到来的时日忧心忡忡；我们满足于坐井观天，却对最重要的投资后果和最完整的投资回报全局视而不见。一叶障目使我们自困于与世隔绝的心态中。因此，拓宽我们的定义，容纳对利润、成本和投资更长期及更多维的衡量标准，是创建可再生系统的第一步。这不仅是为金融，也是为我们的整个社会乃至全世界。

第三条裂缝源于我们选择了创建复杂僵化而非灵活自适应的结构。就像童话故事里害怕大灰狼的三只小猪一样，我们构建了越来越多的防御机制来抵御世界的威胁，无论这种威胁是真实的，还是仅出于想象的。但是，当狂风的威胁被洪水取代时，坚固的房子又有什么用呢？面对不确定性，我们永远也无法建立起完善的防御机制。然而，从投资配置风格箱到错综复杂的监管，再到以结构性投资产品为全部业务的公司，我们选择了用不断增长的结构给自己带来虚假的保障，同时却也增加了我们最终的脆弱性。无论何时，无论面对何种情形，也无论投资规模级别如何，我们都必须认识到适应的必要性，这是创建一个更具抗逆性的系统的开端。

复兴独立而有创造性的投资思维

幸运的是，我们仍有足够的理由感到乐观。我必须承认，在深入挖掘那些失败的风险投资案例时，我担心自己会发现一个腐朽的核心，即一个对于任何试图找回投资本质的人来说都已不可救药的系统。但情况恰恰相反，一次又一次，我看到真正的服务、真正的需求、真正的交换和真正的利润的核心依然存在。无可否认，有时这核心或已微不可辨，或已被掩盖粉饰，或不复最初的样貌，所以很难辨认，但它确实仍然存在。如果我们剥离足够多的外层，就会发现，在这系统的核心，仍有可以倚赖的坚强与稳固。

而且，我们也不缺乏富足的资源。如今，我们拥有前人从未有过的分享知识和智慧的工具与能力。我们不仅能够建立表面的联系，更能够跨越时间、空间和文化的鸿沟，以深刻而持久的方式将彼此相连。我们对这个世界有了越来越多的认识和理解，这些认识和理解不仅体现在技术上，也体现在情感上。我们不仅有有形的资源，还有更重要的馈赠可资利用：大自然的智慧就是我们的导师、榜样、衡量的尺度和灵感的源泉。

最后，我们还有自己！纵观本书，我一直强调人类是自然的一部分，这是一个令人愉悦而又无比重要的真理。但人类也是无比神奇和独一无二的造物。我们有道德伦理，有进行复杂思考的能力。我们拥有无与伦比的力量，而这必然需要配合同等水平的责任、义务、参与和关爱。我们有同情心和同理心，也有知识和技能。我们有能力选择为了更大的利益而彼此合作。

有了所有这些资源，我们就能复兴创造性的、独立的投资思维；对自己、彼此及家园，承担起真正的、完整的责任；从人为的桎梏中释放决策，将如今松散脱节的投资之线重新编织进世界宏图之中。

以下就是我们在恢复投资真正本质的道路上需要进行的转变：

- 从追求效率到追求效能
- 从合成转向有机
- 从寻求增长转向关注发展
- 从交易型转向关系型
- 从机械遵从转向随机而变

- 从关注短期转向拥抱长期

当我们将这些转变一一落实后，就可以让整个系统产生如下变化：

- 从脆弱到坚韧
- 从抽离到再生
- 从断连到重连

这是一个值得我们全心投入、全神贯注、全力参与的系统，它是我们自己创造的。在创造过程中，大自然是我们最珍贵的向导。这才是“满仓投资”的真正含义，是真正的投资之道，也是“投资的本质”。

结　语

选择的力量

有一种呼唤贯穿全书，一次又一次地响起，那就是对思考的呼唤。独立而富有创造力的积极思考，辅以建设性的行动，是人类最强大的天赋之一。结语的标题是“Timshel”，灵感来自约翰·斯坦贝克（John Steinbeck）的《伊甸之东》（*East of Eden*），该书对这个词的含义进行了探讨。在《圣经》中，timshel 在关于该隐和亚伯的章节中出现，有时它被翻译为“你应当”（thou shalt，一条宣言），其他时候它被翻译为“你务必”（do thou，一条诫命）。《伊甸之东》中的角色李（Lee）发现了第三种可能含义，他认为这是最准确的，即“你可以”。这一可能含义代表自由意志，代表选择。

然而，要真正以自由意志做出选择，就要做到知行合一。这需要两个条件：第一，我们对思想和行动的定义有包容性，令其可以容纳情感、直觉和精神；第二，我们的根本价值观和指导原则非常清晰，就像蜜蜂寻找新家时那样。以下是我自己的信念。

我相信：

“和”胜过“或”。

消弭隔阂胜过囿于一隅。

自然界提供了远远超出我们想象的强大洞察力。

我们创造的系统完全可以实现设计的初衷，因此我们有能力改变它们，让它们焕然一新，让它们更进一步。

故事很重要。它们连接我们，激励我们，使抽象的道理变得实在。

世界上大多数问题均由不必要的恐惧造成，而剩下的问题则由必要但非自愿的恐惧造成。

延长投资期，扩大关注范围，使我们更容易看到真实的成本和真实的利润，这自然会引出更优化的投资决策。

投资，从最真实和最广泛的意义上来说，是积极变革的巨大力量。

当我们投入宝贵的资源时，无论投入的是时间、精力，还是才能、财富，都是值得我们深思熟虑的行为。投资不仅仅是一种实际的需要，也是信念的具现。这一行为值得我们为之全力以赴，并且，唯有接纳世界上所有的智慧，无论这智慧来自自然、心灵、情感还是理智，我们才能担此重任。

这个智慧的宝库是我们最真实的资本，也是我们最深刻的源泉。它为我们带来了无尽的可能，让我们去为心中乐见的世界全情投入，去真正地“投资”。

我们就在此处，脚踏大地，身处家园。我们荣辱与共，风雨同舟。环顾四周，智慧、力量，还有无穷的潜力，与我们同在。

去看，去听，你就会明白。

未来，属于终身学习者

我们正在亲历前所未有的变革——互联网改变了信息传递的方式，指数级技术快速发展并颠覆商业世界，人工智能正在侵占越来越多的人类领地。

面对这些变化，我们需要问自己：未来需要什么样的人才？

答案是，成为终身学习者。终身学习意味着具备全面的知识结构、强大的逻辑思考能力和敏锐的感知力。这是一套能够在不断变化中随时重建、更新认知体系的能力。阅读，无疑是帮助我们整合这些能力的最佳途径。

在充满不确定性的时代，答案并不总是简单地出现在书本之中。“读万卷书”不仅要亲自阅读、广泛阅读，也需要我们深入探索好书的内部世界，让知识不再局限于书本之中。

湛庐阅读 App：与最聪明的人共同进化

我们现在推出全新的湛庐阅读 App，它将成为您在书本之外，践行终身学习的场所。

- 不用考虑“读什么”。这里汇集了湛庐所有纸质书、电子书、有声书和各种阅读服务。
- 可以学习“怎么读”。我们提供包括课程、精读班和讲书在内的全方位阅读解决方案。
- 谁来领读？您能最先了解到作者、译者、专家等大咖的前沿洞见，他们是高质量思想的源泉。
- 与谁共读？您将加入优秀的读者和终身学习者的行列，他们对阅读和学习具有持久的热情和源源不断的动力。

在湛庐阅读 App 首页，编辑为您精选了经典书目和优质音视频内容，每天早、中、晚更新，满足您不间断的阅读需求。

【特别专题】【主题书单】【人物特写】等原创专栏，提供专业、深度的解读和选书参考，回应社会议题，是您了解湛庐近千位重要作者思想的独家渠道。

在每本图书的详情页，您将通过深度导读栏目【专家视点】【深度访谈】和【书评】读懂、读透一本好书。

通过这个不设限的学习平台，您在任何时间、任何地点都能获得有价值的思想，并通过阅读实现终身学习。我们邀您共建一个与最聪明的人共同进化的社区，使其成为先进思想交汇的聚集地，这正是我们的使命和价值所在。

北京市版权局著作权合同登记号　图字：01-2023-4303

图书在版编目（CIP）数据

仿生投资学 /（美）凯瑟琳·柯林斯（Katherine Collins）著；劳若珺译．-- 北京：中国财政经济出版社，2023.10
书名原文：The Nature of Investing
ISBN 978-7-5223-2477-7

Ⅰ.①仿…　Ⅱ.①凯…②劳…　Ⅲ.①投资经济学　Ⅳ.①F830.59

中国国家版本馆 CIP 数据核字（2023）第 168371 号

责任编辑：李昊民　　责任校对：胡永立
封面设计：ablackcover.com　　责任印制：张　健

仿生投资学
FANGSHENG TOUZIXUE

中国财政经济出版社 出版
URL：http://www.cfeph.cn
E-mail:cfeph@cfemg.cn

社址：北京市海淀区阜成路甲 28 号　　邮政编码：100142
营销中心电话：010-88191522
天猫网店：中国财政经济出版社旗舰店
网址：https://zgczjjcbs.tmall.com
唐山富达印务有限公司印装　　各地新华书店经销
成品尺寸：147mm×210mm　　32 开　　7.75 印张　　135 000 字
2023 年 10 月第 1 版　　2023 年 10 月河北第 1 次印刷
定价：99.90 元
ISBN 978-7-5223-2477-7
（图书出现印装问题，本社负责调换，电话：010-88190548）
本社图书质量投诉电话：010-88190744
打击盗版举报热线：010-88191661　　QQ：2242791300